essentials

Essentials liefern aktuelles Wissen in konzentrierter Form. Die Essenz dessen, worauf es als „State-of-the-Art" in der gegenwärtigen Fachdiskussion oder in der Praxis ankommt. *Essentials* informieren schnell, unkompliziert und verständlich

- als Einführung in ein aktuelles Thema aus Ihrem Fachgebiet
- als Einstieg in ein für Sie noch unbekanntes Themenfeld
- als Einblick, um zum Thema mitreden zu können

Die Bücher in elektronischer und gedruckter Form bringen das Fachwissen von Springerautor*innen kompakt zur Darstellung. Sie sind besonders für die Nutzung als eBook auf Tablet-PCs, eBook-Readern und Smartphones geeignet. *Essentials* sind Wissensbausteine aus den Wirtschafts-, Sozial- und Geisteswissenschaften, aus Technik und Naturwissenschaften sowie aus Medizin, Psychologie und Gesundheitsberufen. Von renommierten Autor*innen aller Springer-Verlagsmarken.

Martin Pils

Cybersecurity-Awareness

 Springer Vieweg

Martin Pils
Pils Consulting GmbH
St. Florian am Inn, Österreich

ISSN 2197-6708   ISSN 2197-6716 (electronic)
essentials
ISBN 978-3-658-44813-4   ISBN 978-3-658-44814-1 (eBook)
https://doi.org/10.1007/978-3-658-44814-1

Die Deutsche Nationalbibliothek verzeichnet diese Publikation in der Deutschen Nationalbibliografie; detaillierte bibliografische Daten sind im Internet über https://portal.dnb.de abrufbar.

Planung/Lektorat: David Imgrund
Springer Vieweg ist ein Imprint der eingetragenen Gesellschaft Springer Fachmedien Wiesbaden GmbH und ist ein Teil von Springer Nature.
Die Anschrift der Gesellschaft ist: Abraham-Lincoln-Str. 46, 65189 Wiesbaden, Germany

Wenn Sie dieses Produkt entsorgen, geben Sie das Papier bitte zum Recycling.

Was Sie in diesem *essential* finden können

- **Unternehmens-Sicherheit ist Chefsache.** Wie in einer Burg muss der Burgherr dafür Sorge tragen, dass sämtliche „Wachposten" gut ausgebildet sind.
- **Bewusstsein ist der erste Weg zur Sicherheit.** Der Mensch ist ein unverzichtbarer Teil in der IT. Die Wirksamkeit von Awareness-Kampagnen und wie sie gestaltet und eingesetzt werden können.
- **Wissensvermittlung und Lernen dürfen Spaß machen.** Sensibilisieren Sie Ihre Mitarbeiter mit einfachen Tools für das brisante Thema Cyber Security.
- **Ein perfekt geschultes Team – Der beste und erfolgreichste Weg für mehr Sicherheit.** Einfache und bewährte Features für Ihre eigenen Cyber-Security-Awareness-Kampagnen.
- **Cyber Crime verursacht Schäden in Milliardenhöhe.** Sie erhalten Hintergrundwissen über die derzeit aktuellen Angriffsmethoden und deren Motive.
- **Ganzheitliche Verantwortung ist unverzichtbar.** Wie Sie Ihr Team „mit ins Boot" holen, sodass jeder Einzelne seine Wichtigkeit erkennt und sich als Teil des Systems fühlt.

Inhaltsverzeichnis

Die Digitalisierung und ihre Gefahren im Internet

Die digitalisierte Welt erleichtert uns in vielen Dingen das Leben und bringt viele Vorteile, besonders in der Arbeitswelt. Die Kehrseite der Medaille ist eine stetig zunehmende Cyber-Kriminalität, die für jeden Einzelnen von uns, aber ganz besonders für Unternehmen eine permanente Gefahr darstellt. Die sich ständig weiterentwickelnde Digitalisierung öffnet immer mehr Türen für neue Risiken und Bedrohungen, die weltweit Schäden in Milliardenhöhe verursachen.

Cybersecurity ist schon lange nicht mehr nur ein Thema der IT-Abteilungen, sondern ein unternehmensweites. Häufig konzentriert man sich lediglich auf die technischen Aspekte, jedoch wird dabei der menschliche Faktor außer Acht gelassen. Doch **der Mensch ist ein unverzichtbarer Teil** dessen und wird es auch bleiben. **Die Sicherheit liegt in den Händen des Menschen.**

Dieses Buch möchte auf die Brisanz der immer weiter steigenden Gefahren von Cyber Crime aufmerksam machen und Unternehmern und Security-Verantwortlichen die Möglichkeit geben, auf unkomplizierte Art und Weise mehr Bewusstsein für dieses Thema bei ihren Mitarbeitern zu schaffen.

Entsprechende **Awareness-Kampagnen** sind eine effektive Möglichkeit dafür und haben sich in vielen Unternehmen bereits bestens bewährt. Spielerisch und verständlich gestaltet, erwecken diese bei den Mitarbeitern Interesse und die Bereitschaft, durch das Gelernte aktiv an deren Umsetzung mitzuwirken. Diese Art von Wissensvermittlung ist sehr leicht integrierbar und in die Praxis umzusetzen.

Mein Ziel mit diesem Buch ist es, Ihnen mit auf den Weg zu geben, wie Sie den Mitarbeitern in Ihrem Unternehmen notwendiges Wissen rund um das Thema Cybersecurity in Form von Awareness-Kampagnen einfach vermitteln können. Ich biete moderne Ansätze, die zum Lernen einladen und Spaß machen. Aus

M. Pils, *Cybersecurity-Awareness*, essentials, https://doi.org/10.1007/978-3-658-44814-1_1

1

meiner eigenen Erfahrung weiß ich, dass spielerisch erlerntes Wissen sowohl besser verstanden als auch eine große Motivation zur Umsetzung freisetzt. Hierbei möchte ich den Menschen in den Mittelpunkt stellen. Als unverzichtbarer Teil des Systems trägt er maßgeblich dazu bei, Cyber-Crime-Angriffe erkennen und verhindern zu können, wenn er durch gute Schulungen die erforderlichen Kenntnisse dafür mitbringt.

Meine Kernbotschaft lautet, dass der Mensch als das wichtigste Bindeglied in die Sicherheitskultur miteinbezogen werden muss. Hierzu zählen alle Mitarbeitenden, inklusive der Führungskräfte. Denn 85 % der Angriffe beim Faktor Mensch gehen über emotionale Manipulation. Es ist essenziell, die Risiken zu erkennen, um sie bestmöglich verhindern zu können.

Cybersecurity verstehen

Stellen Sie sich vor, Ihr Unternehmen sei eine Burg …

Sie als Unternehmer sind der Burgherr Ihrer imposanten Burg, nennen wir sie „Fort Digitalis". Ihre Mitarbeiter repräsentieren die Burgbewohner und die wertvollen Schätze und Reichtümer, die Sie dort verwahren, sind Ihre gesamten Unternehmens- und Kundendaten.

Der erste und wichtigste Schutz einer Burg ist eine massive und sichere Steinmauer. Die Mauern stellen die physischen Barrieren in der IT dar, wie Serverraumsicherheit und der Zugang zu Hardware und Netzwerkkomponenten. Genau wie dicke Steinmauern Angriffe abwehren, verhindern solide physische Sicherheitsmaßnahmen den Unbefugten Zugriff auf Hardware.

Um die Burg herum gibt es einen Burggraben. Der Graben um die Burg repräsentiert eine erste Verteidigungslinie. In der IT könnten dies Firewalls oder andere Perimeter-Sicherheitstools sein, die verhindern, dass unerwünschte Gäste eintreten.

Auf den Zinnen stehen gut ausgebildete Bogenschützen und Wächter. Dort postiert, dienen diese wie Intrusion-Detection-Systeme (IDS), welche lauernde Gefahren schon aus der Ferne erkennen und Feinde abwehren, bevor sie Schaden anrichten können.

Die Falltüren und geheimen Gänge der Burg können als Verschlüsselung und andere verborgene Verteidigungsmechanismen gesehen werden, die es Eindringlingen erschweren, sich zurechtzufinden oder wichtige Daten zu stehlen.

Die aufmerksamen Späher Ihrer Burg repräsentieren Antiviren- oder Anti-Malware-Programme, die ständig auf der Suche nach Bedrohungen sind und diese neutralisieren.

© Der/die Autor(en), exklusiv lizenziert an Springer Fachmedien Wiesbaden GmbH, ein Teil von Springer Nature 2024
M. Pils, *Cybersecurity-Awareness*, essentials,
https://doi.org/10.1007/978-3-658-44814-1_2

So wie jede Burg **klare Burgregeln und einen Verhaltenskodex** darüber hat, wer wann und wo Zutritt bekommt, haben Organisationen Richtlinien und Verfahren, um sicherzustellen, dass nur berechtigte Personen auf bestimmte Informationen zugreifen können.

Für die Sicherheit Ihrer Burg ist es absolut notwendig und unverzichtbar, dass **alle Bewohner, vom Burgfräulein, über die Wachen bis hin zur Magd, entsprechend geschult sind,** um potenzielle Gefahren rechtzeitig erkennen zu können. Selbst der Hofnarr sollte gut informiert und ausgebildet sein.

Die Ausbildung der Burgbewohner ist also vergleichbar mit Schulungen für Mitarbeiter in sicherheitsrelevanten Themen. Genauso, wie man einem Ritter den korrekten Gebrauch seines Schwertes beibringt, müssen Mitarbeiter darüber informiert sein, wie sie sich sicher in der digitalen Welt bewegen können.

Die vertrauenswürdigen Berater und Alchemisten könnten Sicherheitsberatern oder Experten entsprechen, die spezialisiertes Wissen über Bedrohungen und Schutzmaßnahmen haben.

Zusammen machen diese Elemente die Burg zu einer Festung, die sowohl gegen physische als auch digitale Angriffe gewappnet sein sollte.

Denn, stellen Sie sich vor … Eines Tages rollt eine wunderschön verzierte, riesige Truhe vor die Tore von „Fort Digitalis". Sie ist vom König des benachbarten Königreichs, der vorgibt, seinen Wohlstand teilen zu wollen. Die Burgbewohner sind begeistert und bringen die prachtvolle Truhe direkt in die Schatzkammer, um sie zu öffnen. Doch mit großer Überraschung befindet sich nichts Wertvolles in der Truhe, sondern ein gefährlicher Feind. Dies soll verdeutlichen, dass Gefahren nicht immer offensichtlich sind, sondern nach außen hin oft so getarnt sein können, dass man sie als solche gar nicht leicht erkennen kann.

Sie als Burgherr sind die zentrale Figur, die alles zusammenhält. Sie sind nicht nur für Ihre eigene Sicherheit und Ihren Wohlstand verantwortlich, sondern auch für das Leben aller Bewohner der Burg. Wenn die Mauern fallen, betrifft das nicht nur Sie, sondern alle, die auf Ihr Leadership vertrauen. Und wenn die Burg einmal erobert wurde, ist auch das Vertrauen mit einem Mal futsch und extrem schwer wiederherzustellen.

Außerdem kann ein erfolgreicher Angriff Ihre ganze Schatzkammer auf einmal leeren (Geldstrafen, Klagen, Kundenverlust, Kosten für die Behebung der Schäden). Werden Ihre Pläne, Strategien und Geheimnisse auch gestohlen, geht der strategische Vorteil gegenüber den Feinden (Wettbewerbern) ebenfalls flöten.

Daher ist es unverzichtbar, dass Sie als Burgherr oder zumindest eine hierfür entsprechend eingesetzte Ministerin immer „Up-to-date" ist, die neuesten Waffen und Verteidigungssysteme (Wissen über neueste Sicherheitsentwicklungen) besitzt und dieses Wissen entsprechend an alle Burgbewohner weitervermittelt.

Nur wenn Sie als Burgherr mit gutem Beispiel vorangehen, werden Sie von allen Burgbewohnern ernst genommen, was eine Kultur der Wachsamkeit erzeugen wird, in der jeder aktiv an der Sicherheit der Burg interessiert ist und mitwirkt. Ziel ist, dass die Burg zu einer uneinnehmbaren Festung wird.

Merken Sie sich: Eine sichere Burg zieht loyale Bewohner und geschätzte Gäste an (Kunden).

2.1 Was hat sich in den letzten Jahren verändert?

Vermutlich erinnern Sie sich noch gut daran, allzu lange ist es ja noch nicht her ...

- als Sie noch ganz traditionell in den Buchladen gehen mussten, um sich ein Buch zu kaufen, das Sie zuvor durchgeblättert und den Duft von frischem Papier und Tinte geschnuppert haben.
- als Sie Ihre Partnerin oder Ihren Partner auf einem Fest oder in der Kneipe kennengelernt und Ihre Telefonnummern auf einem Bierdeckel oder einer Serviette ausgetauscht haben.
- als Sie ein Telefon einzig zum Telefonieren benutzt haben.
- als Sie in Ihrem Auto noch ganz klassisch die CD mit Ihrem Lieblingshit einlegen mussten, um diesen unterwegs hören zu können.

Vieles hat sich in den vergangenen Jahren verändert. Besonders die letzten 20 Jahre haben uns in rasanter Geschwindigkeit einen, damals noch undenkbaren, technischen Fortschritt gebracht. Alles ist schneller, vernetzter und komplexer geworden. Das hat uns zwar viele neue Annehmlichkeiten beschert, jedoch auch neue Herausforderungen und Gefahren. Die Bedrohungen sind jetzt global und digital, statt lokal und physisch.

Noch Anfang der 2000er-Jahre haben wir Handys zum Telefonieren und Texten benutzt. Jetzt sind es kleine Supercomputer. Ein modernes Smartphone von heute ist leistungsstärker als ein Computer von damals. Mit ihnen haben wir das gesamte Wissen der Welt in der Hosentasche. Das war zu dieser Zeit noch unvorstellbar, ebenso das Thema „Künstliche Intelligenz". Damals konnte man als Unternehmer oder auch „Ein-Mann-EDV-Abteilung" seine Umgebung im IT-Bereich noch verstehen und gut selbst handeln. Heute braucht ein jedes Unternehmen dafür Fachleute, die sich allein nur darum kümmern.

Die Technologie hat in den letzten 20 Jahren einen so großen Sprung gemacht, den man fast als so etwas wie einen kompletten Generationswechsel sehen könnte. Wenn die Technik vor 20 Jahren ein Klapprad war, dann ist sie heute ein E-Bike mit eingebautem GPS, automatischer Gangschaltung und ausgeklügelten, vollautomatisierten Features. Ebenfalls vor 20 Jahren undenkbar waren rein von Computersystemen gesteuerte Drohnen, die bemannt oder auch nicht, für kriminelle Handlungen eingesetzt und mit einem einzigen Knopfdruck verheerende Dinge anrichten können.

Die Entwicklung des gesamten Social-Media-Bereichs hat gerade in den letzten Jahren ganz besonders an Fahrt aufgenommen. Früher hatten wir Gästebücher und Foren auf unseren Webseiten. Nicht lange davor haben wir Faxe versandt oder einfach telefoniert. Jetzt haben wir Instagram, Facebook, X (früher bekannt als Twitter) und Co., welche die Art und Weise, wie wir uns informieren und miteinander kommunizieren, komplett revolutioniert haben. Internetgeschwindigkeit, Speicherplatz, Streaming, E-Commerce, mobile Arbeitsplätze, um noch einige Beispiele mehr zu nennen, haben sich ebenfalls in den letzten Jahren vollkommen und rasant verändert. Während früher Gigabytes Luxus waren, reden wir heute ganz selbstverständlich von Terabytes oder einer schier grenzenlosen „Cloud".

Auch das Thema Cybersecurity, Virenscanner, Firewalls, waren damals noch eher ein „Nice to have". Heute geht es nicht mehr ohne, denn mit dieser Entwicklung und deren Möglichkeiten hat sich auch die kriminelle Seite stark entwickelt. Das organisierte Verbrechen nutzt die Technik nicht nur zu ihrem Vorteil, sondern hat sie sogar so perfektioniert, sodass es in einer Art und Weise zuschlagen kann, wie es in früheren Zeiten unvorstellbar gewesen wäre. Es ist ein unaufhörlicher Wettkampf zwischen Licht und Schatten in der digitalen Ära.

Selbst an den entlegensten Orten des Globus gibt es eine Internetverbindung, mit der es mit nur einem Knopfdruck oder Klick möglich ist, auf der anderen Seite des Erdballs ein komplettes Bankensystem oder ähnliches lahmzulegen.

Die Cyberkriminalität von heute hat viele Gesichter und auch die Bedrohungen sind heutzutage vielfältiger. Prinzipiell lassen sie sich in **3 Hauptgruppen** unterteilen:

1. Technische Bedrohung
2. Menschliche Bedrohung
3. Organisatorische Bedrohung

Gehen wir nun auf die andere Seite und sehen uns die Methoden der Cyberkriminellen an. Zu den aktuell häufigsten Angriffsmethoden gehören die folgenden:

Social Engineering

Social Engineering könnte man auch als Trickbetrüger 2.0 bezeichnen. Durch psychologisches Geschick werden Menschen dazu bewegt, sensible Daten herauszugeben oder Zugänge zu Systemen zu gewähren. Menschliche Eigenschaften wie Hilfsbereitschaft, Vertrauen oder Angst vor Autorität werden ausgenutzt, um Personen geschickt zu manipulieren.

Datenklau

Ein gängiger Klassiker ist der **Datenklau** bei Unternehmen. Kriminelle gelangen mit illegalen Methoden, wie z. B. dem Phishing, an geheime und sensible Daten. Beim Phishing geben sich Betrüger in E-Mails, auf Websites oder per SMS als seriöse Kontakte aus, mit dem Versuch, an Zugangsdaten (wie z. B. Bankpasswörter) zu kommen.

Ransomwareangriff

Gelangen Betrüger an sensible Daten, kann daraus ein Ransomwareangriff entstehen. **Ransomware** ist eine Art Schadsoftware, die den Zugriff auf Daten und Systeme einschränken und unterbinden, indem sie verschlüsselt werden. Vom Prinzip her gleicht dies einer Geiselnahme, da für die Entschlüsselung ein Lösegeld erpresst wird. Vor 20 Jahren wäre dies nur mit einem physischen Einbruch möglich und viel zu aufwendig gewesen. Heute braucht es dafür nichts weiter als eine Internetverbindung und auf der anderen Seite einen sorglosen Mitarbeiter.

Identitätsdiebstahl

Beim **Identitätsdiebstahl,** der ebenfalls häufig angewandt wird, geben sich die Cyberkriminellen als Sie aus und die Opfer wundern sich, warum Sie plötzlich Kredite oder ähnliches am Laufen haben, von denen Sie gar nichts wissen. Dazu verwenden die Kriminellen gestohlene persönliche Informationen, wie Geburtsdaten oder Kreditkartennummern, zu denen sie sich Zugang verschafft haben.

Datenleck

Ein Beispiel für eine organisatorische Bedrohung sind **Datenlecks** (Data-Leak). Aufgrund von internen Fehlern oder unvorsichtigem Nutzerverhalten, gelangen sensible, vertrauliche Informationen und Daten an Unbefugte. Geschäftsgeheimnisse oder Mitarbeiterinformationen finden so ihren Weg in die Öffentlichkeit. Datenlecks können auch zur Kompromittierung von Geschäfts-E-Mails genutzt werden.

Insider-Bedrohung

Eine **Insider-Bedrohung** ist eine Form von Cyberkriminalität. Dabei versucht der Angreifer, durch aktuelle oder ehemalige Mitarbeiter an ihre Zugriffsrechte zu gelangen und diese zu missbrauchen – mit dem Ziel, Daten zu stehlen und damit Schaden anzurichten. Dabei könnte es sich auch um einen Berater oder einen Geschäftspartner des Unternehmens handeln.

2.2   Doch was sind die Motive der digitalen Angreifer?

Die für uns oft nicht nachvollziehbaren Beweggründe der Cyberkriminellen sind auf unterschiedlichsten Ebenen zu finden. Jedoch haben die meisten Angriffe eine materielle Bereicherung als Hintergrund. Viele von ihnen verdienen damit ihren Lebensunterhalt, um sich und ihre Familien ernähren zu können. Letztendlich sind die Motive der Kriminellen die gleichen wie vor vielen Jahren, lediglich die Art und Weise der Durchführung hat sich mit der technischen Entwicklung verändert.

Auch wenn hier sehr oft das Bild des Hackers mit „Hoodie" gezeigt wird, sieht es so aus wie in jedem anderen modernen Unternehmen. Die Hacker arbeiten in modernen Büros oder im Homeoffice. Die Bilder aus Kellern mit grünen Monitoren und Jugendlichen mit Kapuzenpullovern entsprechen daher nicht der Realität.

Als Dampflokomotiven und Telegrafen die Welt revolutionierten, veränderten sich auch die kriminellen Delikte und die Vorgehensweise der Gangster. Schon zu Beginn der Industrialisierung wussten smarte Gauner, wie sie die modernen Errungenschaften zu ihrem Vorteil nutzen konnten. Ein bekanntes Beispiel dafür sind die Zugüberfälle. Dafür reichten ein paar Baumstämme auf den Gleisen, sodass der Zug zum Halten kam. Schon konnte man in kürzester Zeit alle Passagiere in den Waggons ausnehmen und ausrauben. Danach waren Drogendealer die ersten, die neben Ärzten Pager genutzt haben. Grundsätzlich ist festzuhalten, dass die Kriminellen immer am Puls der Zeit waren und moderne Technik genutzt und sie für ihre Zwecke eingesetzt haben. In manchen Bereichen sehr viel schneller als die Strafverfolgung. Damals wie heute ist eines der **Hauptmotive** der Kriminellen der **finanzielle Gewinn.**

Der erste Hack der Welt geschah im Jahr 1834, als sich eine Gruppe gewiefter Krimineller Zugang zum französischen Telegraphensystem verschaffte. Damals gelang es den Gaunern, geheime Informationen über den französischen

Finanzmarkt zu erbeuten. Aus technischer Sicht war dies der erste Hack in der Geschichte und somit auch die Geburtsstunde der Cyberkriminalität. Im Anschluss daran dauerte es dann aber noch über 150 Jahre, bis sich diese neue Verbrechensart durchsetzte. Erst in den 1980er-Jahren wurde die erste Person (Ian Murphy) wegen Cyberkriminalität verurteilt.

Ein weiteres bekanntes Beispiel unglaublichen Ausmaßes aus dem Jahre 2017: der „WannaCry-Ransomware-Angriff". Bei diesem großen Cyberangriff wurden insgesamt 230.000 Computer in 150 Ländern infiziert und für die Entschlüsselung der Daten Lösegeldzahlungen erpresst. Der Angriff wurde hinsichtlich seines Ausmaßes als noch nie dagewesenes Ereignis beschrieben.

Ein weiteres Motiv ist das des **Wettbewerbsvorteils.** Hierbei werden Hacker beauftragt, Konkurrenten auszuspionieren, um dadurch einen Wettbewerbsvorteil zu erzielen – die sogenannte „Unternehmensspionage". Manchen Hackern geht es schlicht um **Ego und Anerkennung.** Mit ihrer Tat beweisen sie, dass sie „es können", um dadurch eine gewisse Aufmerksamkeit von ihrem Umfeld zu erhalten.

In diesem Zusammenhang möchte ich auf die **staatlichen und halbstaatlichen „Advanced Persistent Threat (APT)"-Gruppen** eingehen. Diese verfolgen nämlich eine Vielzahl von Motiven im Bereich Cyberkriminalität.

Zu den häufigsten Motiven gehört hier die Spionage, mit dem Ziel, um …

- an sensible politische, militärische oder wirtschaftliche Informationen zu gelangen.
- kritische Infrastrukturen zu destabilisieren, damit politischer Druck ausgeübt werden kann.
- Propaganda und Desinformation zu verbreiten, um die öffentliche Meinung zu beeinflussen.
- zukünftige Operationen durch das Platzieren von Backdoors vorzubereiten.
- geistiges Eigentum zu stehlen, um die eigene Industrie zu stärken.
- militärische Operationen zu unterstützen.
- wirtschaftliche Vorteile und politische Einflussnahme zu erlangen.

Diese Aktivitäten gehören oft zu komplexen, langfristigen Strategien und unterscheiden sich von den kurzfristigen, gewinnorientierten Zielen traditioneller Cyberkrimineller. Dabei ist jedoch zu erwähnen, dass die Grenzen zwischen traditionellen „staatlich geförderten" und „cyberkriminellen" Aktivitäten immer mehr verschwimmen. Der Grund liegt ganz einfach darin, dass sich geopolitische Normen mit der Zeit verändert haben, sowie ist der Cyberspace zu einem neuen Kriegsschauplatz geworden, in welchem sich die einzelnen Staaten noch nicht auf bestimmte Verhaltensregeln geeinigt haben. Daher kommt es dazu, dass Wirt-schaftsspionage in solch einem Umfeld von manchen Nationen sogar direkt oder indirekt gefördert wird. Darüber hinaus setzen Regierungen Cyberkriminelle und ihre Ressourcen immer häufiger in informellem Outsourcing ein.

Bei manchen anderen Hackern gibt es wiederum keinen anderen Grund als die pure **Lust an der Zerstörung.** Diese Menschen möchten einfach nur die Welt brennen sehen und Chaos anrichten. Dann sind da noch die sogenann-ten **Hacktivisten,** deren Motivation auf **Ideologie und Aktivismus** beruht. Sie nutzen Angriffe auf Webseiten aus politischen oder ethischen Gründen, um auf Missstände hinzuweisen, sie aufzudecken oder eine politische Botschaft zu verbreiten.

Auf der anderen Seite gibt es aber auch die sogenannten **White Hat-Hackers,** quasi „die Guten", die ihren Auftraggebern dabei helfen, Missstände und Sicherheitslücken in deren Systemen zu finden und zu beheben.

So unterschiedlich die Motive auch sein mögen, so wichtig ist es, Kennt-nis über die allgegenwärtigen Gefahren und Bedrohungen in diesem Bereich zu haben, um sie bestmöglich abwenden zu können. Genau diesem Thema widmen wir uns im nächsten Kapitel.

Security Awareness im Unternehmen steigern

3.1 Die Sicherheit liegt in den eigenen Händen

Das vorangegangene Beispiel der Burg aus Kap. 1 zeigt bereits deutlich auf, wie wichtig und unverzichtbar jeder einzelne Aspekt und Mitarbeiter in diesem Gesamtgefüge ist, ganz besonders, wenn es um die interne Sicherheit geht. Jede Burg, ja sogar ein jedes Königreich ist nur so sicher, wie es seine Wächter bewachen und verteidigen können. Die Mauern sind hoch, der Burggraben breit und tief, die Wächter alle auf ihrer Position. Auch die Späher machen einen tollen Job. Und doch besteht immer das Risiko, dass die Bedrohung gar nicht unbedingt von außen, aus dem feindlichen Gebiet, kommen muss. Was, wenn die Gefahr innerhalb der Burgmauern lauert? Daher ist die Aufmerksamkeit jedes Einzelnen in diesem Gefüge so wichtig und unverzichtbar.

Ein berühmtes Beispiel, das sich im Jahr 2011 bei der Firma Windtec in Österreich ereignete, macht dies sehr deutlich. In dieser Spionageaffäre hatte ein Mitarbeiter, der aufgrund einer internen Versetzung frustriert war, sein Know-how an die chinesische Konkurrenz und Kunden von Windtec, „Sinovel" verkauft, die ihm daraufhin ein Arbeitsverhältnis in ihrem Unternehmen angeboten hatten. Ein unterschriebener Arbeitsvertrag, der später auf dem Notebook des Angestellten gefunden wurde, garantierte ihm bis 2017 ein Einkommen von 1,7 Mio. USD. Der Mitarbeiter kündigte seinen Job bei Windtec, behielt aber seinen Computer-Account. Einen Monat später gab der Ex-Angestellte die gesamte Software, die dem Herz einer Windkraftanlage entspricht, an seine chinesischen Geschäftspartner weiter. Diese beinhaltete die komplette Steuerungssoftware für Windräder samt passender Quellcodes zur Softwareänderung.

Zwei Monate darauf wurde die Software in Sinovel-Anlagen in China gefunden, ohne dass sie verkauft wurde, berichtete eine Zeugin. Selbst der Schriftzug

© Der/die Autor(en), exklusiv lizenziert an Springer Fachmedien Wiesbaden GmbH, ein Teil von Springer Nature 2024
M. Pils, *Cybersecurity-Awareness*, essentials,
https://doi.org/10.1007/978-3-658-44814-1_3

Windtec war bereits durch Sinovelwind ersetzt. Der Windtec-Geschäftsführer erklärte vor Gericht, Windtec Österreich habe aufgrund der Spionage und des dadurch entstandenen Ausfalls von Sinovel als Kunden 96 Mio. EUR abschreiben und 40 Mitarbeitern in Klagenfurt kündigen müssen. Der entstandene Schaden durch die entgeltliche Weitergabe der Geschäftsgeheimnisse verursachte nicht nur massiven Schaden bei der Firma Windtec, sondern ebenfalls in der gesamten österreichischen Volkswirtschaft, berichtete der Staatsanwalt in seinem Plädoyer.

Die Geschichte von Windtec zeigt, dass Cybersecurity uns alle angeht. Jeder im Unternehmen trägt Verantwortung, nicht nur für die Daten, sondern auch für die Schaffung eines Umfelds, in dem sich jeder wertgeschätzt fühlt. Denn manchmal beginnt Cyberspionage nicht mit einer Schwachstelle in der Software, sondern mit einer im menschlichen Herzen.

Jeder Anwender ist ein unverzichtbarer Teil der IT. Die Mauern mögen hoch und die Schlösser komplex sein, doch ohne die Wachsamkeit und das Verantwortungsbewusstsein jedes Einzelnen, könnten alle technischen Verteidigungen umsonst sein. In der Gemeinschaft liegt die Stärke und jeder Wächter zählt.

3.2   Warum ist es so wichtig, jeden Anwender auszubilden?

Stellen Sie sich Folgendes vor. Es ist 10 Uhr morgens an einem ganz normalen Bürotag. Felix, Mitarbeiter der IT eines großen Unternehmens, sitzt vor seiner dritten Tasse Kaffee, um, nach einer fast schlaflosen Vollmondnacht, irgendwie in die Gänge zu kommen. Felix ist DER Typ in der IT, auf den alle zählen, wenn es um Cybersicherheit geht. Immer noch etwas müde, schaut er zunächst die auf seinem Schreibtisch liegenden Papiere durch, dann startet er seinen Rechner, um sich an die Arbeit zu machen.

Während er den Posteingang seines E-Mail-Postfachs durchsieht, fällt ihm sofort eine E-Mail ins Auge, die so aussieht, als käme sie vom Chef persönlich. Sie wurde mit Priorität „hoch" versendet und die Betreffzeile weist bereits auf die Dringlichkeit des Schreibens hin – „Sofortige Überprüfung der Kontodetails erforderlich", springt ihm die Überschrift förmlich entgegen. In der E-Mail wird Felix dazu aufgefordert, auf einen Link zu klicken, um seine Anmeldedaten zu bestätigen. Felix, der die vielen Schulungen in Cybersecurity schließlich nicht umsonst gemacht hat, zögert. Doch das Schreiben wirkt authentisch und absolut echt, und der Druck, auf die Dringlichkeit des Schreibens sofort reagieren zu müssen, ist hoch.

Felix sieht sich in der Zwickmühle. Klickt er auf den Link, begibt er sich und das ganze Unternehmen eventuell in Gefahr. Ignoriert er das Schreiben, könnte das großen Ärger mit dem Chef bedeuten. Sofort besinnt er sich auf die bereits verinnerlichte Goldene Regel: Im Zweifel immer doppelt checken und nachfragen. Ein kurzer Anruf beim Chef bestätigt ihm sofort: Die E-Mail war ein Phishing-Versuch, und Felix hat durch sein umsichtiges Handeln Schlimmeres verhindert.

Kurz darauf findet die gesamte Belegschaft des Unternehmens eine E-Mail vom Chef persönlich in ihren Postfächern. In dieser schildert er den Vorfall und die Vorgehensweise von Felix und drückt ihm Lob und Anerkennung für sein richtiges Handeln aus.

Diese Situation soll illustrieren, wie wichtig der menschliche Faktor in der Cybersecurity ist. Selbst das ausgeklügeltste Sicherheitssystem ist nutz- und wirkungslos, wenn die Menschen, die es bedienen, nicht geschult sind und achtsam mit digitalen Bedrohungen umzugehen wissen.

Felix hat mit seiner Wachsamkeit, Vernunft und der Bereitschaft, im Zweifelsfall lieber nachzufragen, gezeigt, dass es der Mensch ist, der am Ende die Systeme sicher hält. Für den Verantwortlichen ergibt sich hier die Möglichkeit, Felix lobend vor den Vorhang zu holen oder zumindest sein richtiges und aufmerksames Handeln den anderen Kollegen zu zeigen, um darauf hinzuweisen, dass es von großer Bedeutung ist, wenn man mitdenkt und sich ausbilden lässt.

Lassen Sie uns nun im Folgenden einen detaillierten Blick auf die unterschiedlichen Gründe werfen, warum die Ausbildung eines jeden IT-Anwenders und Nutzers in Bezug auf Cyber-Security-Awareness von solch entscheidender Bedeutung ist:

- Anwender sind oft die **letzte und entscheidende Verteidigungslinie eines Unternehmens gegen Cyberangriffe.** Die meisten Angriffe, wie z. B. Phishing oder Social-Engineering zielen direkt auf sie ab. Gut informierte und entsprechend ausgebildete Nutzer können viele dieser Versuche frühzeitig erkennen und stoppen, bevor Schaden entsteht.
- Viele Sicherheitsverletzungen sind auf **menschliche Fehler** zurückzuführen. Sind die Anwender in diesem Bereich entsprechend geschult, sinkt nachweislich die Wahrscheinlichkeit solcher Fehler erheblich.
- In der heutigen IT-Welt nutzen Mitarbeiter eine Vielzahl von Endgeräten, die oftmals außerhalb der direkten Kontrolle der IT-Sicherheitsteams liegen. Durch die Ausbildung jedes Anwenders wird versucht, dass **jedes Gerät, egal ob im**

Büro oder Homeoffice sicherer verwendet werden kann. Oft ist der explizite Umgang in einer Situation entscheidend, ob die Informationen geschützt bleiben oder nicht.

- Die Cyberkriminalität wird immer komplexer. Sind die IT-Nutzer über die neuesten Bedrohungen aufgeklärt, sind sie in der Lage, **im Falle eines Angriffs entsprechend reagieren zu können?** Dies hat aber auch einen direkten persönlichen Nutzen weit über das Unternehmen hinaus, da die aufgeklärten Mitarbeiter auch im privaten Umfeld besser Bescheid wissen und weniger leicht zum Opfer werden.

- Eine einzige Sicherheitsverletzung kann den **Ruf eines Unternehmens** dauerhaft schädigen. Anwender, welche die Risiken kennen, helfen, diese zu minimieren.

- Bewusst geschulte Mitarbeiter **reduzieren die Häufigkeit und Schwere von Sicherheitsvorfällen,** was wiederum Kosten für das Unternehmen einspart.

- Wissen befähigt die Mitarbeiter, **eigenverantwortlich handeln zu können.** Außerdem werden sie dazu motiviert, am Thema Sicherheit mitzuwirken. Sie werden dadurch zu aktiven Teilnehmern der Sicherheitsstrategie, was wiederum dazu beiträgt, das allgemeine Sicherheitsniveau des Unternehmens anzuheben.

- Gut informierte Anwender **entlasten die IT-Sicherheitsteams,** die dadurch wieder mehr Ressourcen für proaktive Maßnahmen zur Verfügung haben.

Insgesamt ist eine Cyber-Security-Schulung für Mitarbeiter nicht nur eine Frage der IT-Sicherheit, sondern auch als Teil einer ganzheitlichen Geschäfts- und Sicherheitsstrategie anzusehen, die das Risiko eines jeden Unternehmens, Opfer eines Cyberangriffes zu werden, erheblich reduziert.

3.3 Wer übernimmt die Vorbereitung und Umsetzung von Awareness-Kampagnen?

Bevor wir uns näher dem Thema Awareness-Kampagnen und deren Vorbereitung sowie Umsetzung widmen, gibt es noch eine andere wichtige Frage zu klären. Wer übernimmt diese Aufgabe, Awareness im Unternehmen zu schaffen? Brauchen Sie dafür immer einen IT-Experten?

Um diese Frage gleich vorweg zu beantworten: Sie benötigen keinen IT-Spezialisten für Ihre Awareness-Kampagnen. Es ist selbstverständlich von Vorteil, wenn die dafür zuständige Person bereits tiefgehende technische Kenntnisse aufweist. Was jedoch noch viel wichtiger ist, sind sogenannte Soft Skills. Diese

Position stellt eine einzigartige Schnittstelle zwischen IT-Sicherheit und Mitarbeiterengagement dar und erfordert ein umfassendes Verständnis menschlicher Verhaltensweisen und Lernmethoden.

Kommunikationsfähigkeit steht dabei an vorderster Stelle. Awareness-Spezialisten müssen in der Lage sein, komplexe und oft abstrakte Sicherheitsthemen in eine Sprache zu übersetzen, die für Mitarbeiter aller Ebenen verständlich und relevant ist. Dies beinhaltet nicht nur die mündliche und schriftliche Vermittlung von Informationen, sondern auch das Zuhören und Verstehen der Bedenken und Fragen der Mitarbeiter.

Ein weiterer wichtiger Aspekt sind pädagogische Fähigkeiten. Es geht nicht nur darum, Informationen zu präsentieren, sondern sie so aufzubereiten, dass sie haften bleiben. Awareness-Spezialisten sollten daher kreativ sein und verschiedene Lehrmethoden und -stile anwenden können, um ein breites Spektrum an Lernenden zu erreichen. Dazu gehören interaktive Workshops, ansprechende digitale Inhalte und praxisorientierte Übungen.

Empathie ist ebenfalls von entscheidender Bedeutung. Ein gutes Verständnis dafür, wie Mitarbeiter denken und fühlen, hilft dabei, Sicherheitsthemen auf eine Weise zu vermitteln, die nicht nur informiert, sondern auch motiviert. Awareness-Spezialisten müssen sich in die Lage der Mitarbeiter versetzen können, um deren Bedürfnisse und Ängste in Bezug auf IT-Sicherheit zu verstehen und darauf einzugehen.

Diese Rolle eignet sich besonders für flexible Arbeitsmodelle wie Teilzeitbeschäftigung, Homeoffice und hybrides Arbeiten. Solche Arbeitsarrangements ermöglichen es den Awareness-Spezialisten, ihre Arbeit an ihre Lebensumstände anzupassen, was wiederum zu einer höheren Arbeitszufriedenheit und Produktivität führen kann. Dies ist besonders attraktiv für Menschen in unterschiedlichen Lebensphasen, die eine ausgewogene Work-Life-Balance suchen.

Die Nutzung digitaler Plattformen und Tools eröffnet zudem neue Möglichkeiten für die Gestaltung von Awareness-Programmen. Die Fähigkeit, digitale Medien kreativ zu nutzen, um ansprechende und interaktive Lernerfahrungen zu schaffen, ist ein weiteres Beispiel für eine wichtige Soft Skill in diesem Bereich.

Zusammenfassend lässt sich sagen, dass in der Rolle des IT-Sicherheits-Awareness-Spezialisten Soft Skills wie Kommunikationsstärke, Kreativität, Empathie und pädagogische Fähigkeiten mehr zählen als tiefgehende technische Kenntnisse. Diese Rolle bietet nicht nur die Möglichkeit, die Cybersicherheitskultur in Unternehmen zu stärken, sondern auch ein inspirierendes Beispiel für moderne, flexible und menschenzentrierte Arbeitsweisen.

3.4   Das Ziel von Awareness-Kampagnen

Nehmen wir an, Sie sind der Kapitän eines großen Schiffes, unterwegs mit einer bunt zusammengewürfelten Crew. Die Matrosen an Bord haben unterschiedliche Erfahrungen, wenn es um Gefahren und die Sicherheit auf hoher See geht.

Sie, als Kapitän, möchten aber, gemeinsam mit Ihrer gesamten Besatzung, so sicher wie möglich an Ihrem Ziel ankommen. Daher muss jeder wissen, wie stürmisch es da draußen werden kann. Jeder muss in der Lage sein, die Wellen – Gefahren und Risiken – zu erkennen, um das Schiff sicher zu manövrieren. Ihre Crew soll die richtigen Werkzeuge und Informationen haben, um auf hoher See, auch mit hohem Wellengang und Sturm, bestehen zu können. Dazu gehört sowohl das beste Navigationssystem als auch die aktuelle Wettervorhersage.

Sie möchten, dass die Mitglieder Ihrer Mannschaft ihren Teil dazu beitragen, damit das Schiff weiter auf Fahrt bleibt, auch dann, wenn eine Riesenwelle oder eine Schlechtwetterfront – ein Problem – aufzieht. Jeder soll in der Lage sein, sofort und professionell aktiv zu werden, statt nur zuzuschauen. Das Thema Sicherheit, wie das tägliche Checken des Horizonts und der Seile, soll ganz automatisch geschehen. Es soll als eine Routine in Fleisch und Blut übergehen, ohne groß darüber nachzudenken.

Am Ende der Reise wollen Sie eine Crew, die nicht nur Ihre Kommandos und Vorschriften befolgt, sondern auch eine, die Sicherheit liebt und lebt, weil sie versteht, wie wichtig sie ist, für jeden einzelnen und das ganze Schiff. Und auch wenn die Reise manchmal rau ist – mit einer Crew, die weiß, was zu tun ist, kommt jedes Schiff sicher im Hafen an.

Das Ziel einer Awareness-Kampagne ist letztendlich – **Eine Reise zu mehr Sicherheit, Verständnis und besserem Handeln.** Eine Awareness-Kampagne möchte in erster Linie aufmerksam machen, auf eine bestimmte Marke, ein Produkt, ein Unternehmen oder, wie in unserem Falle, auf Cybersecurity.

Im Umgang mit IT-Systemen ist Awareness eine elementare Sicherheitsmaßnahme. Das bedeutet zunächst, dass ein Problembewusstsein für Cybersicherheit geschaffen werden muss. Darauf aufbauend lässt sich eine Verhaltensänderung bis hin zu einem dauerhaften, sicheren digitalen Umgang bei den Usern erreichen. Die Möglichkeiten dieser Kampagnen sind also vielfältig.

Lassen Sie uns im Folgenden noch einmal Schritt für Schritt die **einzelnen Elemente** durchgehen, die wesentlich für den Erfolg einer Awareness Kampagne sind:

1. Zielsetzung:

Da jede Awareness-Kampagne, egal zu welchem Thema, grundsätzlich auf das Bewusstmachen mithilfe verschiedener Maßnahmen abzielt, sollte trotzdem anfangs eine klare Zielsetzung definiert werden: Was soll die Kampagne erreichen? Soll sie Wissen vermitteln, Verhalten ändern oder beides?

2. Zielgruppe:

Um welche Zielgruppe handelt es sich genau? Welche Medien nutzt sie? Was bewegt sie? Was sind ihre Ängste und Bedürfnisse? Ein gutes Verständnis der Zielgruppe ist unabdingbar, um sie auch gut erreichen zu können. Verschiedene Zielgruppen benötigen möglicherweise unterschiedliche Ansätze und Tools.

3. Kommunikation:

Die Inhalte sollten der Zielgruppe entsprechend aufgebaut sein. Dafür können, wie bereits erwähnt, Geschichten und Visualisierungen eine gute Möglichkeit sein. Praxisbeispiele und reale Vorfälle geben konkrete Einblicke und unterstreichen die Relevanz von Cybersecurity.

Hierfür können gut unterschiedliche Kanäle, die für die jeweilige Zielgruppe relevant sind, eingesetzt werden. Finden Sie heraus, ob Ihre Zielgruppe z. B. vermehrt auf E-Mails oder Newsletter anspricht? Oder hält sie sich auf bestimmten Social-Media-Kanälen auf? Nimmt sie gern an Workshops oder Webinaren teil? Ist sie in internen Netzwerken aktiv?

Die Inhalte der Kampagne müssen kontinuierlich aktualisiert werden, um eine dauerhafte Präsenz des Themas im Unternehmensalltag zu schaffen. Die Kernbotschaften sollten regelmäßig wiederholt werden. Wiederholungen dienen dazu, die Informationen entsprechend zu verfestigen.

4. Erfolge messen:

Der Erfolg der Kampagne lässt sich gut durch das Festsetzen messbarer Ziele bewerten. Dazu eignen sich Umfragen, Feedbacks, Tests und auch Statistiken.

Vor allem durch Feedbackrunden lassen sich die Kampagnen stets weiter verbessern und entsprechend anpassen. Außerdem zeigt es den Mitarbeitern, dass
ihre Meinung gesehen und wertgeschätzt wird. Die Kampagne soll langfristig
zu einem Kulturwandel im Unternehmen sowie einem veränderten Verhalten
der Mitarbeiter beitragen, sodass die Anwendung des erworbenen Wissens zur
Normalität wird.

Diese Elemente, zu einem Gesamtpaket geschnürt, bieten ein solides Fun-
dament für eine Awareness-Kampagne, die informiert, inspiriert und zu einer
aktiven Teilnahme anregt. Um ihre Bedeutung zu unterstreichen, sollte die Kampagne, wie bereits zuvor erwähnt, unbedingt von der Führungsebene unterstützt
werden.

3.5 Wissensvermittlung durch Awareness-Kampagnen

„Aufmerksamkeit ist der erste Weg zur Sicherheit."
In einer Zeit, in der Cyberbedrohungen immer raffinierter werden, ist es unerlässlich, das Bewusstsein von Mitarbeitern und IT-Usern hinsichtlich dieser Gefahren
und Risiken zu schärfen und zu schulen. Awareness-Kampagnen im Bereich
Cybersecurity sind gezielte Programme und Initiativen, die darauf abzielen, ein
grundlegendes Verständnis und Bewusstsein für Cyberbedrohungen, deren Folgen
und die notwendigen Schutzmaßnahmen zu schaffen. Diese Kampagnen dienen
dazu, das Wissen und die Aufmerksamkeit in Bezug auf IT-Sicherheitsrisiken zu
erhöhen und gleichzeitig ein entsprechendes Verhalten bei den Mitarbeitern zu
fördern. Ziel ist es, das Verhalten der Mitarbeiter dahingehend zu beeinflussen,
dass sie sicherheitsbewusste Entscheidungen treffen, beispielsweise komplexe
Passwörter verwenden, unbekannte E-Mail-Anhänge nicht öffnen und verdächtige
Vorfälle sofort an die entsprechenden Stellen melden.

Der Zweck von Awareness-Kampagnen liegt darin, eine Unternehmenskul-
tur zu etablieren, in der die Sicherheit als gemeinsame Verantwortung gesehen
wird. Jeder Mitarbeiter soll so für dieses Thema sensibilisiert werden, dass er
die Bedeutung der Cybersecurity zum einen versteht und zum anderen in sein
tägliches Handeln integriert. Ein wesentlicher Teil dieser Kampagnen besteht
auch in vielfältigen und leicht zugänglichen Schulungen und Lerninhalten, um
die Mitarbeiter über die unterschiedlichen Cyberbedrohungen zu informieren –
von Phishing über Malware bis hin zu Ransomware-Angriffen. Um die vielen
Themen greifbarer zu machen und die Relevanz zu erhöhen, kann dabei auch auf
aktuelle Geschehnisse, Trends und Beispiele eingegangen werden. Hierzu werden häufig Poster, Flyer, E-Mails, Intranetseiten und Newsletter genutzt. Auch

Workshops, betriebsinterne Veranstaltungen, Meetings oder ein Quiz sind gute Möglichkeiten für spielerische und leichte Wissensvermittlung.

Nachfolgend möchte ich Ihnen dazu gerne einige Inspirationen und Möglichkeiten im Detail aufzeigen:

1. Poster und Flyer

Poster und Flyer sind visuelle Hilfsmittel, die dazu beitragen, wichtige Informationen schnell und effizient zu verbreiten. Poster erhalten durch eine **strategische Platzierung,** wie z. B. im Aufzugsbereich, in der Kantine, am Drucker, in der Teeküche oder in den Toilettenräumen die meiste Aufmerksamkeit. Flyer können gut in Bereichen ausgelegt werden, in denen Mitarbeiter sich häufig aufhalten. Die Nutzung eines **auffälligen Designs,** das sofort ins Auge fällt, wie z. B. starke Farben, große Schriften und ansprechende Grafiken. Die Botschaften sollten **einfach, klar** und **direkt** sein, wie beispielsweise „Think before you click" oder Ähnliches. **Integrierte Call-to-actions,** wie z. B. „Aktualisiere deine Passwörter regelmäßig", fordern zu direktem Handeln auf. **Interaktive Elemente** wie QR-Codes auf Postern und Flyern können mit weiterführenden Informationen, Videos oder einem Sicherheitsquiz verlinkt werden.

Wenn es angebracht ist, kann **Humor** ein effektiver Weg sein, die Message gut und verständlich zu vermitteln. **Die Inhalte sollten stets aktuell** sein, um auf neue Trends und Bedrohungen hinzuweisen. Poster- und Flyerkampagnen können zusammen mit anderen Elementen der Cyber-Security-Kampagne eine einheitliche Botschaft vermitteln. Auch ist es sinnvoll, von Usern **Feedback** zur Wirksamkeit zu sammeln, um eventuell notwendige Verbesserungen vornehmen zu können. „Vergisst" man aber auf die User, wird es direkt messbar zu einem geringeren Erfolg führen. Denken Sie daran, dass hier professionelle Kollegen einer Kommunikations- und PR-Abteilung oder eine entsprechende Agentur wunderbar unterstützen können.

2. E-Mails und Newsletter

E-Mails und Newsletter sind ebenfalls effektive Werkzeuge, weil sie direkt in die tägliche Arbeitsroutine eingebunden werden können. **Die Inhalte sollten zielgerichtet** sein, da Führungskräfte unter Umständen andere Informationen benötigen als beispielsweise der Kundendienst oder Mitarbeiter des Personaldienstes.

Um das Thema präsent zu halten, sollten **Updates in regelmäßigen Abständen** versendet werden und die Informationen **kurz und prägnant** sein. Zu lange

Texte werden oft ignoriert und nicht gelesen. Aufzählungen, Fettungen und Zwischenüberschriften können hier für eine klare Struktur sorgen und dienen der Lesefreundlichkeit. Auch hier können **interaktive Elemente** wie Quizfragen, Umfragen oder Rätsel das Gelernte spielerisch überprüfen und festigen.

E-Mails sind auch ein guter Weg, um auf **interne und externe Schulungsangebote** hinzuweisen und zur Teilnahme anzuregen. Das Teilen **persönlicher Geschichten** und **Erfahrungen** von Kollegen inspiriert und zeigt, dass das Thema Cybersecurity jeden betrifft. Durch **Nutzung von E-Mail-Marketing-Tools** lassen sich Öffnungs- und Klickraten gut verfolgen, um herauszufinden, welche Inhalte die größte Wirkung erzielen.

Follow-up-Kampagnen folgen in der Regel auf eine initiale Sensibilisierungsmaßnahme und sind darüber hinaus eine gute Möglichkeit, um Inhalte wiederholt zu versenden und auch zu vertiefen. Durch entsprechende **Feedbackkanäle** können Mitarbeiter die Gelegenheit erhalten, Fragen zu stellen oder Feedback zu geben. Auch E-Mails können wie Flyer und Poster eine klare **Handlungsaufforderung (CTA – Call to Action),** wie z. B. „Überprüfe jetzt deine Passwörter" oder „Aktualisiere jetzt deine Software", enthalten. Um die **soziale Komponente** hierbei zu unterstützen, kann es oft auch sinnvoll sein, den Mitarbeitern die Möglichkeit zu geben, ihre Erfolge und Fortschritte in den sozialen Netzwerken des Unternehmens zu teilen und zu diskutieren.

3. Quizze und Rätsel

Quizze und Rätsel helfen dabei, Schulungsmaßnahmen aufzulockern. Sie sind einfach und schnell in den Arbeitsalltag zu integrieren und halten die Motivation aufrecht. Wenn die Quizze oder Rätsel z. B. geschickt in bestimmte, aktuelle Themen eingebettet werden, hilft das, den Inhalt spielerisch an die User zu vermitteln.

Ein **Belohnungssystem** schafft dabei gute Anreize, die zur Teilnahme animieren. Das könnten beispielsweise zusätzliche Urlaubstage, Gutscheine oder andere reale Vorteile sein. Auch virtuelle Währungen durch Spielgeld oder Punkte, die dann innerhalb des Unternehmens für verschiedene Vorteile eingelöst werden können, wirken motivierend.

4. Simulationsbasiertes Lernen

Beim **simulationsbasierten Lernen** werden Simulationen genutzt, die Cybersicherheitsszenarien nachstellen, in denen Mitarbeiter in kontrollierter Umgebung Entscheidungen treffen müssen. Das Ziel dabei ist, dass man durch das Üben ein prozedurales Wissen entwickelt und dieses schließlich in Instinkt umwandelt. Dieses erfahrungsorientierte Lernen ist sehr praxisnah und stellt eine optimale Ergänzung zur Vermittlung von theoretischem Wissen dar.

5. Gamification

Gamification ist eine kraftvolle Strategie, um Lerninhalte zu vermitteln und Engagement in Awareness-Kampagnen zu fördern. Durch den Einsatz von Gamification können Unternehmen ein **tieferes Verständnis** und eine **stärkere Beteiligung** der Mitarbeiter an sicherheitsrelevanten Themen erreichen. Der spielerische Ansatz verwandelt die, oft als trocken wahrgenommenen, Sicherheitsinhalte in einen **spannenden interaktiven Lernprozess.** Nachfolgend erhalten Sie hierzu einige Einblicke, mit welchen **spielerischen Komponenten** Sie bei Ihren Mitarbeitern das Lernen und entsprechende Verhaltensänderungen anregen und verstärken können.

In jedem von uns, gleich welchen Alters, existiert ein gewisser **Spieltrieb.** Durch die richtige Auswahl der Spielelemente kann dieser wieder „aktiviert" und sehr gut zu einer spielerischen Vermittlung von Wissen eingesetzt werden. In speziellen **Lernspielen,** wie z. B. einem **Quiz,** werden die Spieler über unterschiedliche Cybersicherheitspraktiken wie sichere Passwörter, Phishing-Erkennung und andere Sicherheitskonzepte informiert.

In **organisierten, unternehmensweiten Wettbewerben** können Abteilungen oder einzelne Mitarbeiter gegeneinander antreten, um ihre Kenntnisse über die besten Sicherheitspraktiken zu demonstrieren. **Zertifikate oder andere Auszeichnungen** für das Abschließen von Trainingsmodulen oder das Erreichen bestimmter Sicherheitsziele stellen ebenfalls eine große Motivation für jeden einzelnen Teilnehmer dar. Die Einführung von Bestenlisten fördert den **Wettbewerbsgeist** zwischen den Mitarbeitern und geben einen Anreiz, sich in der Rangliste nach oben zu arbeiten.

Ein **Punktesystem** für die Teilnahme an Sicherheitstrainings und -übungen, in denen Mitarbeiter **Punkte sammeln** können, um **höhere Levels** zu erreichen, dient dazu, die **Motivation** noch mehr zu steigern.

Längst geht es aber nicht mehr einzig und allein um Punktesysteme, Ranglisten oder Auszeichnungen. Das ganze **Gamification-Konzept** zielt in erster Linie darauf ab, Neugier beim Benutzer zu erwecken und auf spielerische Art und Weise zum Mitmachen zu animieren und langfristig diese Motivation aufrechtzuerhalten.

Das **Integrieren von Gamification-Elementen** fördert nicht nur das Lernen, sondern hält auch die **Motivation** und das **Engagement** der Mitarbeiter **aufrecht.**

Hier kommt auch das **Storytelling,** das im Gamification-Konzept nicht mehr wegzudenken ist, zum Einsatz. Das Storytelling ist eine narrative Komponente, die den Benutzer auf eine Reise durch verschiedene Cyber-Security-Szenarien und das Spiel der Wahl mitnimmt, wenn es darum geht, die Spieler in **unterschiedliche Rollen** schlüpfen zu lassen (nach dem Prinzip „Gut gegen Böse"). Bei dieser Variante des Gamifications werden verschiedene **Szenarien von Cyberbedrohungen und -angriffen durchgespielt.** Die Teilnehmer „durchleben" quasi in ihren jeweiligen „Rollen" diverse Cyber-Security-Situationen und zwar von „beiden Seiten". Durch dieses „Erlebbar-Machen" wird das Verständnis zusätzlich gesteigert und gefestigt, ohne dass irgendjemandem ein tatsächlicher Schaden entsteht.

Wie Sie sehen, gibt es nicht nur den einen Weg, um mit Awareness-Kampagnen Aufmerksamkeit, Interesse und Achtsamkeit für das Thema Cybersecurity zu schaffen. Die Möglichkeiten sind, genau wie die Persönlichkeit eines jeden Mitarbeiters, vielfältig und unterschiedlich. Macht man sich jedoch bewusst, dass in jedem von uns ein gewisser Spieltrieb innewohnt, verdeutlicht das, wie viel Potenzial in dieser Form der Wissensvermittlung steckt.

Es ist wichtig, dass wir in diesem Zusammenhang aber nicht vergessen, dass auch in diesem Fall die Methode „one size fits all" nicht wirksam ist. Abgesehen von unterschiedlichen Ausgangslevel ist die **Lernkurve und vor allem aber die Art und Weise, wie Menschen lernen, sehr unterschiedlich.** Da sich Cyberbedrohungen ständig weiterentwickeln, ist zudem **kontinuierliches Lernen** unabdingbar. Hierfür werden regelmäßige Updates in den Schulungen eingesetzt, um sicherzustellen, dass das Wissen der Mitarbeiter stets aktuell ist. Schulungen, die vor ein bis zwei Jahren noch hochmodern und auf dem neuesten Stand waren, sowohl in Bezug auf die Themen als auch auf die Art der Wissensvermittlung, können heute schon wieder als veraltet und obsolet gelten. Effektive Kampagnen beinhalten außerdem Feedbackmechanismen, um die Maßnahmen zu bewerten und kontinuierlich verbessern zu können. Dies kann über Umfragen oder die Auswertung von Sicherheitsvorfällen erfolgen.

Damit die Awareness-Kampagne erfolgreich wird, muss diese **von der Leitung unterstützt und gefördert werden,** um die Wichtigkeit des Themas zu unterstreichen und damit eine breite Akzeptanz im Unternehmen zu erreichen. Sie stellen eine zentrale Säule zur organisatorischen Verteidigung gegen Cyberangriffe dar. Die Akzeptanz für solche Kampagnen bei den Mitarbeitern zu erlangen, ist vielleicht nicht immer ganz einfach. Jedoch gibt es durchaus gute Methoden und Ansätze, mit denen dies gut gelingen kann. Die sichtbare Unterstützung und Beteiligung des Managements unterstreichen die Wichtigkeit und den Wert solcher Kampagnen. Wenn Führungskräfte sich ebenfalls engagieren, werden Mitarbeiter diesem Beispiel in den meisten Fällen gerne folgen. Auch sollten Mitarbeiter verstehen lernen, **wie Cyber-Security ihr persönliches Leben beeinflusst.** Indem sie erfahren, wie sie die Sicherheitspraktiken auch abseits des Arbeitsplatzes anwenden können, erlangen sie einen Mehrwert, den sie ebenfalls in ihrem privaten Bereich einsetzen und nutzen können. Daher ist es äußerst vorteilhaft, dass Awareness-Kampagnen für Cybersicherheit auch darauf abzielen, dass die Teilnehmer Methoden erlernen, die sie ebenso in ihrem privaten Umfeld anwenden können. Wenn Mitarbeiter die am Arbeitsplatz erlernten Sicherheitskonzepte auch zu Hause umsetzen, festigt dies nicht nur ihr Verständnis, sondern auch ihre erlernten Fähigkeiten in diesem Bereich. Dies trägt zu einer verstärkten Sicherheitskultur bei, sowohl im Unternehmen als auch im privaten Umfeld.

Eine positive Herangehensweise an dieses Thema fördert ebenfalls die Akzeptanz. So sollten Awareness-Kampagnen **weder Angst noch Druck bei den Mitarbeitern** erzeugen, sondern sie motivieren und ihnen aufzeigen, dass sie als Mitarbeiter erheblich zur Stärkung der Unternehmenssicherheit beitragen können. Eine Erklärung über Ziel und Zweck der Kampagne erzeugt ein klares Verständnis darüber, warum diese Maßnahmen durchgeführt werden. Auch sollten Erfolge und positive Ergebnisse der Kampagnen bei den Mitarbeitern kommuniziert werden, denn Erfolgsgeschichten wecken die weitere Motivation an der Mitwirkung der Maßnahmen. Der Fokus und das Ziel liegen also ganz klar auf der Befähigung der Mitarbeiter, anstatt der Androhung von Strafen oder dergleichen.

Es gilt daher: Positive Verstärkung und Empowerment, statt strikter Befehlston mit Konsequenzen.
Wenn Mitarbeiter verstehen und das Gefühl haben, dass sie ein unverzichtbarer, wichtiger Teil des Ganzen sind und eine zentrale Rolle in diesem Sicherheitsprozess spielen und dadurch erkennen, dass ihre Handlungsweise einen echten Unterschied macht, werden sie eher motiviert sein, die angebotenen Trainings anzunehmen und im Alltag umzusetzen. So macht man User zu Wächtern. Echte Sentinels eben.

3.6   Exkurs: Das Pareto-Prinzip

In der sich rasant verändernden Welt der Cybersecurity besteht die Herausforderung darin, begrenzte Ressourcen effizient zu nutzen. Besonders im Bereich der Sensibilisierung (Awareness) wird die Bedeutung des Pareto-Prinzips, auch bekannt als die 80/20-Regel, deutlich. Diese Regel besagt, dass mit nur 20 % des Aufwands 80 % des Erfolges erreicht werden können. Daher spielt dieses Prinzip auch eine wichtige Rolle bei der Gestaltung effektiver Awareness-Programme.

Die Anwendung des Pareto-Prinzips in der Awareness-Arbeit
Das Pareto-Prinzip verfolgt den Zweck, dass mit nur geringem Aufwand der größte Effekt erzielt werden kann – natürlich nur dann, wenn man sich auf die wichtigsten Aufgaben fokussiert, welche die größte Wirkung nach sich ziehen. Anstatt sich also auf eine vollständige Abdeckung aller denkbaren Themen zu konzentrieren, geht es darum, die wesentlichen Aufgaben bzw. Bereiche zu identifizieren und abzudecken, die den größten Unterschied ausmachen.

Ökonomische Effizienz
Gerade aus ökonomischer Sicht ist die Anwendung dieses Prinzips sehr effektiv und sinnvoll. Jede einzelne Investition in die Sensibilisierung sollte unter dem Aspekt der Opportunitätskosten betrachtet werden – das heißt: IT Sicherheit ist ein riesiger Bereich, der durch eine beeindruckende Dynamik stetig an Komplexität gewinnt und immer mehr Fachwissen erfordert. Denn es handelt sich um keine tote Materie, sondern um eine Auseinandersetzung mit menschlichen Angreifern, die aber keine Kanonen und Bomben nutzen, sondern Informationstechnik. Man kann von seinen Mitarbeitern logischerweise nicht erwarten, dass sie sich so detailliert mit der Materie beschäftigen, um absolute IT-Experten zu werden. Das wäre zu zeit- und kostenintensiv. Stattdessen investiert man in die effektivsten Programme, mit denen es gelingt, dass die Mitarbeiter nur das *nötige* Fachwissen kompakt, ansprechend und schnell konsumieren können (20 %), um den Großteil aller Angriffe erkennen und erfolgreich abfangen zu können (80 %). Damit wird vor allem Zeit und Kosten gespart.

Realistische Zielsetzung
Gerade die Praxis zeigt, dass der Versuch, jede Person in jedem Aspekt der Cybersicherheit perfekt zu machen, nicht zielführend ist. Im Gegenteil bringen breit angelegte Sensibilisierungsprogramme, die sich auf grundlegende, aber wirkungsvolle Sicherheitspraktiken konzentrieren, den größten Effekt. Das Ziel sollte also darin bestehen, ein solides Grundverständnis und Bewusstsein für Cyber-Security-Risiken zu schaffen, das breit genug ist, um die Mehrheit der häufigsten Bedrohungen abzudecken.

Es kann allgemein gesagt werden, dass der Einsatz des Pareto-Prinzips in der Cybersecurity-Awareness einen sinnvollen Weg bietet, um mit begrenzten Mitteln einen umfassenden und doch realistischen Sicherheitsgrad zu erreichen. Indem man sich auf die relevantesten Aspekte fokussiert – also die 20 % der Inhalte, die den größten Einfluss auf die Sicherheit haben – kann man ein hohes Maß an Sicherheit erreichen, ohne dabei unrealistische Perfektion anzustreben. Dieser Ansatz hilft dabei, strategisch klug und effizient mit den Herausforderungen im Bereich Cybersicherheit umzugehen und ein starkes Sicherheitsnetz über ein großes Spektrum an Risiken zu spannen.

Achtung: Übersensibilisierung
So wichtig die Sensibilisierung für Cybersecurity ist, so wichtig ist es auch, ein Gleichgewicht zu finden. Ein Bewusstsein für das Thema zu schaffen, ist von entscheidender Bedeutung, wohingegen eine Übersensibilisierung die Gefahr birgt, dass Mitarbeiter überfordert oder desensibilisiert werden.

Eine konstante Flut von Warnungen und strengen Richtlinien kann erfahrungsgemäß sogar zu einer Reduktion der Wachsamkeit führen. Mitarbeiter könnten beginnen, Sicherheitshinweise zu übersehen oder als übertrieben zu empfinden. Dieses Phänomen wird auch als „Alarmmüdigkeit" bezeichnet und kann die Effektivität von Awareness-Programmen untergraben. Das Ziel hinter Sensibilisierung sollte daher immer sein, ein Bewusstsein zu schaffen, das auf realistischen Risiken basiert und praktikable Lösungen bietet, anstatt die Mitarbeiter in Angst zu versetzen. Die Lösung besteht daher darin, einen ausgewogenen Ansatz zu verfolgen und eine Kultur der Sicherheit zu fördern, ohne dabei in Alarmismus zu verfallen.

3.7 Über die Wirksamkeit von Awareness-Kampagnen

Awareness-Kampagnen sind mitunter deshalb so effektiv, weil sie die Aufmerksamkeit der Mitarbeiter dem Thema Cybersecurity gegenüber erwecken, indem sie über alle Arten von Cyberbedrohungen informiert und aufgeklärt werden. Wenn Mitarbeiter sich darüber bewusst werden, dass im Falle eines Angriffs, außer finanziellen Verlusten, Datenverlusten und Rufschädigung des Unternehmens, letztendlich auch ihr Arbeitsplatz auf dem Spiel steht, nehmen sie das Thema ernster.

Durch regelmäßige Schulungen und Simulationen von Cyberangriffen sowie, z. B. „Phishing-Tests", lernen die Mitarbeiter, verdächtige Aktivitäten zu erkennen und korrekt darauf zu reagieren. Eine Änderung im täglichen Verhalten ist die Folge. Außerdem wird durch solche Kampagnen eine **Kultur zur Sicherheit**

im ganzen Unternehmen aufgebaut. Cybersecurity wird als Gemeinschaftsauf-
gabe verstanden, bei der jeder Mitarbeiter eine wichtige Rolle spielt. Geschulte
Mitarbeiter können schneller auf Vorfälle reagieren und Gefahren abwenden.
Um dies in dem bereits mit der Burg veranschaulichten Beispiel zu beschrei-
ben:

Jeder Burgbewohner (Mitarbeiter) erhält durch gezielte Vermittlung von
notwendigem Wissen die Fähigkeit, bereits die subtilsten Anzeichen einer Bedrohung zu erkennen und durch bewusstes Handeln abwehren zu können. Er wird
Feinde bereits wahrnehmen, bevor sie in die Festung eindringen und Schaden
anrichten können. Es entsteht eine informierte Gemeinschaft, in der jeder für die
Sicherheit der ganzen Burg mitverantwortlich ist.

3.8   Die Einsatzmöglichkeiten von Awareness-Kampagnen

Durch das Lesen der vorherigen Seiten wissen Sie nun, was Awareness Kampagnen sind, welches Ziel sie verfolgen, aus welchen Bestandteilen sie bestehen
und dass sie deshalb so effektiv sind, weil der Hauptfokus auf dem Menschen
als Anwender der IT liegt. In den folgenden Abschnitten möchten wir Ihnen nun
einige konkrete Einsatzmöglichkeiten von Cyber-Security-Awareness-Kampagnen
und praktische Beispiele dazu zeigen

1. Phishing-Erkennung:

Phishing ist eine der häufigsten und effektivsten Methoden, die bei Cyberkriminellen verwendet werden, um sich Zugang zu Systemen und vertraulichen
Informationen zu verschaffen. Daher ist es von immenser Wichtigkeit, sicherzustellen, dass jeder einzelne Mitarbeiter diese Form von Angriffen erkennt, um
angemessen darauf reagieren zu können.

Einer der einfachsten und effektivsten Schritte ist das **Überprüfen des
Absenders.** Mitarbeiter sollten darauf trainiert werden, den E-Mail-Absender
genauestens zu überprüfen, da Phishing-E-Mails oftmals mit gefälschten, aber
authentisch aussehenden Adressen versehen sind. Anzeichen für Fälschungen
können Rechtschreibfehler oder abweichende Domain-Namen sein. Besonders
durch den Fortschritt der KI-Systeme wird es immer schwieriger, dubiose Mails
erkennen zu können.

Auch sollte **niemals vorschnell auf Links geklickt oder Anhänge verdäch-
tiger E-Mails geöffnet werden.** Stattdessen sollten die Mitarbeiter lernen, durch

das Bewegen des Cursors über einen Link die tatsächliche URL zu sehen und bei Unsicherheiten zuvor festgelegte Maßnahmen befolgen zu können.

Mit entsprechenden Informationen und gezieltem Training in Awareness-Kampagnen wird erreicht, dass jeder User lernt, wie er Phishing-Versuche erkennt und darauf reagiert. Das Ziel ist es, jeden Einzelnen zu befähigen, nicht Opfer von Datendiebstahl oder Malware-Infektionen zu werden. Hierbei geht es nicht einzig darum, das Unternehmen zu schützen, sondern auch die individuelle Sicherheit eines jeden Mitarbeiters zu gewährleisten.

Folgendes Beispiel soll veranschaulichen, welche Tragweite eine Nachlässigkeit in Sachen Phishing-Mails haben kann:

„Ein Mitarbeiter hatte auf seinem Dienst-Laptop einen als Rechnung getarnten E-Mail-Anhang geöffnet. Der Dienst-Laptop war über einen VPN-Tunnel mit dem Netzwerk verbunden, sodass der Trojaner über diesen VPN-Tunnel in das IT-System des Unternehmens gelangte. Dies führte dazu, dass die Hacker in das Unternehmen eindringen und Daten stehlen konnten. Darüber hinaus kam Ransomware zum Einsatz und somit wurde auch die gesamte Produktion zum Stillstand gebracht."

2. Passwort-Sicherheit:

Hier soll die Bedeutung von starken und schlechten, unsicheren Passwörtern betont und vermittelt werden, sodass die User erkennen, wie wichtig ein sicheres Passwort, sowie eine regelmäßige Änderung von diesem ist. Besonders wichtig ist hier zu erwähnen, dass Passwörter nicht wiederverwendet werden sollen.

Um sich nicht jedes einzelne Passwort merken zu müssen, gibt es inzwischen die Möglichkeit, einen **Passwortmanager** oder **Passwortsafe** zu verwenden. Mit einem Passwortsafe können individuelle, starke Passwörter für jedes Konto erstellt werden, ohne dass man sich jedes einzelne merken muss. Dies verringert die Sicherheitsrisiken, die durch zu einfache oder sich wiederholende Passwörter entstehen.

Darüber hinaus bieten manche Passwortsafes zusätzliche „Schutzschichten", wie **Zwei-Faktor-Authentifizierung** und **sicheren Zugang über verschiedene Geräte** hinweg.

3. Sichere Nutzung von sozialen Medien:

Die sichere Nutzung sozialer Medien ist in der heutigen vernetzten Welt für jedes Unternehmen von zentraler Bedeutung. Daher sollte das Bewusstsein eines jeden Users in Bezug auf diese Plattformen gestärkt werden. Ein wichtiger Aspekt ist ein Verständnis für und die Anpassung von Datenschutzeinstellungen.

Dies beinhaltet auch die Aufklärung über Datenschutzeinstellungen und -richtlinien, die Risiken der Freigabe persönlicher Informationen und Daten, sowie die **Erkennung von Betrug und Falschinformationen.** Ein bekanntes Beispiel ist der „Facebook-Cambridge-Analytica-Datenskandal", bei dem ein politisches Beratungsunternehmen die Daten von Millionen Facebook-Nutzern ohne deren Zustimmung sammelte, um mit diesen Informationen politische Werbung zu gestalten.

Mitarbeiter sollten daher regelmäßig ihre Einstellungen überprüfen und anpassen. Trotz zahlreicher Medienberichte über Passwort-Hacks in den vergangenen Jahren, hat sich im Bewusstsein vieler User nicht sehr viel geändert, was die Thematik „sicheres Passwort" betrifft. Eine Analyse und Auswertung eines bekannten Passwortmanagers, der beliebtesten Passwörter, zeigt, dass die am weitverbreitetsten Passwörter immer noch aus simplen Ziffern- und Buchstabenabfolgen bestehen. Das mit Abstand beliebteste Passwort 2021 besteht beispielsweise aus der Nummernabfolge „123456". Außer einfachen Ziffern- und Buchstabenabfolgen zählen auch Namen und beliebte Begriffe nach wie vor zu den Favoriten der User. Diese sind von den meist sehr gewieften Hackern in Sekundenschnelle zu knacken.

4. Sicherheitssoftware:

Die Vermittlung von Informationen und Wissen über Sicherheitssoftware wie **Antivirenprogramme** und **Firewalls** ist sowohl im beruflichen als auch im privaten Kontext von großer Bedeutung. In jedem Unternehmensumfeld schützen diese Sicherheitslösungen vor Malware und überwachen den Datenverkehr, um potenzielle Bedrohungen abzuwehren. Dies erstreckt sich auch auf die private Umgebung der IT-User.

Da Sicherheitsbedrohungen nicht nur das Unternehmen, sondern auch die persönlichen Daten der Mitarbeiter betreffen können, ist die Verwendung von Antivirensoftware und Firewalls zu Hause mindestens genauso wichtig. Da Mitarbeiter häufig dieselben Geräte für berufliche und private Zwecke verwenden, trägt ein gut geschütztes persönliches Umfeld damit zu einem sicheren Unternehmensnetzwerk bei.

In einigen bekannten Fällen ist es Cyberkriminellen bereits gelungen, über nicht gut gesicherte und schlecht gewartete Privatrechner in das Netzwerk von Unternehmen einzudringen. Daher ist ein umfassendes Sicherheitsbewusstsein, das sowohl die private als auch die Arbeitsumgebung umfasst, entscheidend, um das Unternehmen und die Privatsphäre der Mitarbeiter zu schützen.

5. Aktualisierung von Software

Hier geht es um die Bewusstmachung, wie wichtig **regelmäßige Updates für Betriebssysteme und Anwendungen** sind, um Sicherheitslücken zu schließen.

Ein wesentlicher Bestandteil der Cyber-Sicherheits-Strategie, sowohl in der Unternehmens- als auch in der privaten IT-Umgebung ist die Aktualisierung der Software. Zeitnahe Updates für sämtliche Betriebssysteme und Anwendungen sind unerlässlich, um Sicherheitslücken zu schließen, die von Cyberkriminellen ausgenutzt werden.

Daher sollte die Bedeutung und die Wichtigkeit von Softwareupdates in jeder Awareness-Kampagne unterstrichen und die Mitarbeiter für die Notwendigkeit dieser Maßnahmen sensibilisiert werden, um ein besseres und tieferes Verständnis dafür zu entwickeln. Auch wenn die Aktualisierung lästig erscheint, sind die Updates ein wesentlicher Beitrag für die Sicherheit.

Die häufig geäußerten Bedenken, dass Anwendungen nach einem Update nicht mehr funktionieren, gehört ins Reich der Mythen. „Never Change A Running System" hat in den 1980er-Jahren gegolten. Heute ist das überholt.

Dies fördert sowohl die Sicherheit des Unternehmens als auch den Schutz ihrer persönlichen Daten und Geräte. Ein proaktiver Ansatz bei der Softwarewartung hält nicht nur die Unternehmens- sondern auch die private IT-Infrastruktur widerstandsfähig gegen Cyberbedrohungen und ist ein wichtiger Schritt.

6. Sicheres Homeoffice:

Richtlinien und „Best Practices" für die sichere Einrichtung und Nutzung von Arbeitsplätzen im Homeoffice.

Für viele Unternehmen und Mitarbeiter war es lange Zeit undenkbar, mobil oder von zu Hause aus zu arbeiten. Dies hat sich in den vergangenen drei Jahren grundlegend verändert und damit ganz besonders den gesamten IT-Bereich der Unternehmen vor neue Herausforderungen gestellt.

Viele Unternehmen haben sich inzwischen für einen langfristigen Umstieg auf mobile Arbeitsmodelle entschieden. Damit ändern sich auch viele Geschäftsprozesse, ganz besonders was das Thema IT-Sicherheit betrifft.

IT-Verantwortliche haben bei diesen Prozessveränderungen nun die große Aufgabe, sich um neue Nahtstellen und Probleme zu kümmern, die es zuvor noch nicht gab. Die Nutzung der Mitarbeiter von mobilen Geräten und Heimcomputern, die den Zugriff auf Firmendaten zulassen, bergen natürlich auch wieder ganz neue Gefahren, die bisher in der gewohnten „Firmenumgebung" geregelt wurden.

Aus diesen Gründen ist es umso wichtiger, die Mitarbeiter für mögliche Gefahren zu sensibilisieren und sie in puncto Cybersicherheit ausreichend zu schulen. Eine E-Mail am Heimcomputer ist eine nicht weniger potenzielle Gefahr als am Firmenrechner. Daher sollten Mitarbeiter im Homeoffice unbedingt einen **Ansprechpartner,** am besten über eine Hotline, haben, damit sie wissen, wer ihnen im Falle eines Falles sofort weiterhelfen kann. Ansonsten besteht die Gefahr, dass auftretende Sicherheitsprobleme oder Zweifel einfach ignoriert werden.

Die „Homeoffice-Kollegen" sollten daher in jedem Falle dazu ermutigt werden, sich lieber einmal zu viel als zu wenig bei der IT-Hotline zu melden, sollte ihnen irgendetwas, bei ihrer Arbeit am „Heimrechner", verdächtig erscheinen. Regelmäßige Online-Meetings sowie gut gestaltete Anleitungen, wie in bestimmten Fällen am besten vorzugehen ist, sind ebenfalls von großer Wichtigkeit.

Hierzu ein konkretes Beispiel:

LastPass teilte 2023 mit, dass Angreifer über den Privatrechner eines Mitarbeiters die Firmen-Cloud angreifen konnten. Das Unternehmen hatte bereits zuvor über einige Vorfälle berichtet und offenbar handelte es sich bei allen Fällen um die gleiche Person oder Gruppe. Die Attacke war sorgfältig geplant und stufenweise wurden immer mehr Daten des Unternehmens gestohlen. Das Problem entstand ursprünglich im Homeoffice. Denn dort gelang es dem Angreifer, sich Zugang zum privaten PC (Home Entertainment) eines hochrangigen DevOps-Entwicklers zu verschaffen. Dadurch gelangte der Hacker immer weiter zu sensiblen Informationen und Backups. Die Backups waren in dem Cloud-Speicher, der von Amazon betrieben wird, hinterlegt und dort gingen auch die Alarmsignale aufgrund des untypischen Verhaltens an. LastPass unternahm verschiedene Maßnahmen, sodass sich der Angreifer keinen Zugang zu den Passworttresoren der Nutzer verschaffen konnte.

7. Mobile Gerätesicherheit:

Die Sensibilisierung und das Schaffen von Bewusstsein, was die Sicherheit im Umgang mit mobilen Geräten wie Smartphones und Tablets angeht, sind ein wesentlicher Bestandteil der Cybersicherheit. Dazu gehört auch die **Aufklärung über die Risiken der Nutzung von öffentlichen W-LAN-Netzen** und wie wichtig es ist, die **Bluetooth-Funktion zu deaktivieren,** wenn sie nicht gebraucht wird.

Hier sollte auf die Wichtigkeit von sinnvollen Pins am Smartphone ebenso hingewiesen werden wie auf die zeitnahe Aktualisierung des Systems bei Updates. Ein Jailbreak ist ein erhebliches Sicherheitsrisiko und auch sollte Berufliches von Privatem getrennt werden. Am besten mit einem eigenen Gerät, aber jedenfalls über Managementlösungen. Der User sollte auch darüber aufgeklärt werden, dass nicht jede App am Handy sinnvoll oder gut ist – schon allein im Sinne von Überwachung und Tracking

8. Schutz sensibler Daten:

Die Vermittlung von Wissen über den Schutz sensibler Daten ist ebenfalls ein zentraler Aspekt in der Cybersicherheit. Mitarbeitern sollte die Bedeutung von **Verschlüsselung, sicherer Datenspeicherung** und einem **verantwortungsvollen, achtsamen Umgang mit sensiblen, personenbezogenen Daten sowie unternehmenskritischen Informationen** nahegebracht werden. Dies umfasst sowohl Daten auf Unternehmensservern als auch auf mobilen Geräten oder in der Cloud. Diese gilt es an Orten zu speichern, die nicht nur physisch, sondern auch digital gesichert sind.

Das Stärken des Bewusstseins der Mitarbeiter für die Bedeutung und die korrekte Handhabung sensibler Daten trägt erheblich dazu bei, dass die Sicherheit des Unternehmens und die Privatsphäre aller Beteiligten geschützt wird.

9. Social Engineering:

Social Engineering ist eine raffinierte Form der Manipulation, bei der Betrüger psychologische Taktiken anwenden, um an sensible Informationen und Daten zu gelangen.

Hier bedarf es unbedingt **Aufklärung über die unterschiedlichen Taktiken und Methoden,** die Betrüger verwenden, insbesondere wie die Betrüger falsche Identitäten vortäuschen, um Vertrauen aufzubauen und damit versuchen, den Opfern Informationen zu entlocken.

Ein typisches Beispiel für Social Engineering ist das sogenannte „Pretexting", bei dem die Angreifer eine falsche Identität annehmen oder eine erfundene Situation erschaffen, um an persönliche oder firmeninterne Daten zu gelangen. Sie könnten sich beispielsweise als IT-Support-Mitarbeiter, Bankangestellte oder neue Kollegen ausgeben, um damit an die gewünschten Informationen zu gelangen.

Durch Aufklärung über diese Methoden und „Maschen" werden Bewusstsein und Wachsamkeit der Mitarbeiter gegenüber Social-Engineering-Angriffen sensibilisiert und gestärkt, um sowohl ihre eigenen als auch die Unternehmensdaten vor solchen Angriffen zu schützen.

Hier ein Beispiel dazu: Microsoft warnte in den vergangenen Jahren Microsoft-User immer wieder vor Anrufen von angeblichen Microsoft-Mitarbeitenden. Microsoft selbst würde jedoch keine unaufgeforderten Telefonanrufe tätigen, um schadhafte Geräte zu reparieren oder eine Fremdsoftware zur Schadensbehebung zu installieren. Laut einer Studie, welche durch die Microsoft Digital Crime Unit durchgeführt wurde, um das Ausmaß und den Einfluss des sogenannten „Tech Support Scam" zu messen, kam folgendes Ergebnis heraus:

Davon gaben weltweit zwei Drittel aller Befragten an, in den letzten 12 Monaten Erfahrung mit solch einer Betrugsmasche gemacht zu haben. Die Betrüger fokussierten sich dabei scheinbar auf eine Zielgruppe im Alter von 18 bis 34 Jahren (mehr als 50 % der Betroffenen gehörten dieser Altersgruppe an). Die Opfer wurden per Telefon oder per Mail kontaktiert, auf Webseiten oder über Pop-ups informiert und auf einen Virus hingewiesen. Danach boten die angeblichen Microsoft-Mitarbeiter die Säuberung des Geräts an, indem sie eine Fernwartungssoftware installierten. Dabei handelte es sich aber in Wahrheit um einen Trojaner, über welchen die Betrüger auf das Gerät zugreifen und Daten ausspähen konnten.

10. Rechtliche Compliance:

Rechtliche Compliance bezeichnet das Implementieren und die Einhaltung von gesetzlichen, internen und auch vertraglich vorgeschriebenen Regeln, die für die IT-Systeme und Prozesse eines Unternehmens gelten. Diese rechtlichen Regeln bestehen aus unterschiedlichen Anforderungen an IT-Sicherheit, Datenschutz, Datenverfügbarkeit und -integrität. Darüber hinaus gelten spezifische Buchführungsvorgaben für die Nachvollziehbarkeit und Prüfbarkeit der IT-Systeme, aber auch die Einführung und Einhaltung bestimmter Arbeitszeiten, Bildschirmpausen sowie die Überwachung von Mitarbeitern.

Hinzuzuzählen ist die Cybersicherheitsrichtlinie NIS 2. NIS bezeichnet die Sicherheit der Netz- und Informationssysteme. Die aktuellen Regelungen betreffen vor allem Unternehmer der kritischen Infrastruktur und Anbieter digitaler Dienste, wie Online-Marktplätze, Online-Suchmaschinen und Cloud-Computing-Dienste. Die neuesten Regelungen gelten voraussichtlich ab dem 18. Oktober 2024, nachdem die Richtlinie in nationales Recht umgesetzt wurde. Das Ziel dabei ist, die Resilienz und die Reaktion auf Sicherheitsvorfälle des öffentlichen und des privaten Sektors in der EU zu verbessern. Betroffene Unternehmen, welche die Regelung umsetzen müssen, sind dazu verpflichtet, geeignete Risikomanagementmaßnahmen für die Sicherheit ihrer Netz- und Informationssysteme zu treffen und unterliegen bestimmten Meldepflichten.

Des Weiteren ist die DSGVO zu erwähnen. Dazu gehören die sichere Handhabung personenbezogener Daten, die Beachtung von Einwilligungserklärungen und das Verständnis für die Notwendigkeit von Datenschutz-Folgenabschätzungen bei neuen Projekten.

Durch Aufklärung und ständige Sensibilisierung wird sichergestellt, dass sowohl das Unternehmen als auch die einzelnen Mitarbeiter alle rechtlichen Anforderungen erfüllen und somit rechtliche Risiken minimiert sowie Compliance-Standards eingehalten werden.

Die Einhaltung der hier genannten gesetzlichen und vertraglich vereinbarten Vorschriften ist für jedes Unternehmen unerlässlich und lohnt sich auch finanziell. Denn wenn ein Unternehmen gegen diese Vorgaben verstößt, kann dies je nach Ausmaß zu sehr hohen Geldstrafen oder sogar Freiheitsstrafen der verantwortlichen Führungsperson führen.

Die rechtliche Compliance ist ein unverzichtbarer Bestandteil der Unternehmensführung und Cybersicherheit. Es ist von großer Wichtigkeit, dass Unternehmen und deren Mitarbeiter umfassend über die Anforderungen dieser Gesetze informiert sind und verstehen, wie sie diese im täglichen Umgang mit Daten umsetzen.

11. Business-E-Mail-Compromise (BEC):

Business-E-Mail-Compromise (BEC) ist eine ausgeklügelte Betrugsmethode, bei der die Täter gefälschte Geschäfts-E-Mails nutzen und sich als Unternehmensleitung ausgeben. Damit versuchen sie an vertrauliche Informationen zu gelangen, die Mitarbeiter zu betrügerischen Finanztransaktionen oder zur Herausgabe sensibler Daten zu bewegen.

Hier sind einige typische Beispiele für BEC-Vorfälle:

- „Fälschungen von Rechnungen". Die Täter geben sich beispielsweise als vertrauenswürdige Lieferanten aus und versenden per E-Mail-Rechnungen, die von echten kaum zu unterscheiden sind. Ihr Ziel ist es, damit Zahlungen auf ein betrügerisches Konto umzuleiten.
- „CEO-Fraud". Hierbei manipulieren die Betrüger E-Mail-Konten von Führungskräften oder imitieren diese, um die Mitarbeiter zu veranlassen, Zahlungen zu tätigen oder sensible Informationen preiszugeben.
- „Missbrauch von Anwaltsidentitäten". In dieser „Betrugsvariante" erschleichen sich die Betrüger Zugang zu E-Mail-Konten von Anwaltskanzleien.

Hierzu ein konkreter Fall aus der Praxis:

Der Autozulieferer Leoni wurde in Millionenhöhe betrogen. Jemand hatte sich gegenüber Kollegen als Mitarbeiter der Firma ausgegeben und vorgegeben, besondere Befugnisse zu haben. Hierfür nutzten die Täter gefälschte Dokumente und Identitäten sowie elektronische Kommunikationswege. Dadurch wurde Geld auf ausländische Konten überwiesen und der Schaden belief sich auf rund 40 Mio. EUR. Beim deutschen Bundeskriminalamt wurden seit dem Jahr 2023 insgesamt bundesweit 60 Betrugsfälle mit einem Gesamtschaden von 106 Mio. EUR verzeichnet. Der tatsächliche Schaden könnte aber weit höher sein, da es hierzu keine Statistik mit Meldepflicht gibt.

12. Erkennung und Reaktion auf Vorfälle:

Zur Erkennung und Reaktion auf Sicherheitsvorfälle ist es wichtig, dass Mitarbeiter **gezielte Schulungen** erhalten. Diese Trainings sollten konkret darauf abzielen, das Bewusstsein für Anzeichen eines Sicherheitsvorfalles zu schärfen und klare Verfahren für die Meldung und Reaktion auf solche Ereignisse zu vermitteln.

In diesen Schulungen lernen die Mitarbeiter, verdächtige Aktivitäten oder Anomalien im IT-System zu identifizieren, die auf einen Sicherheitsvorfall hindeuten könnten. Dies kann von ungewöhnlichen Systemmeldungen bis hin zu unerwarteten Veränderungen in Dateien oder im Netzwerkverkehr reichen. Es ist wichtig, den Mitarbeitern klare Anweisungen zu geben, wie sie im Falle eines vermuteten Sicherheitsvorfalles vorgehen sollen.

Dies umfasst sowohl die Schritte zur sofortigen Meldung an das zuständige IT-Sicherheitsteam oder den Vorgesetzten als auch die ersten Maßnahmen, die sie selbst ergreifen sollten, um den Schaden zu minimieren und eine Ausweitung des Vorfalls zu verhindern.

Durch solche gezielten Schulungen kann der Mitarbeiter nicht nur die Anzeichen eines Sicherheitsvorfalles erkennen, sondern er weiß auch, wie er schnell und effektiv darauf reagieren kann.

Dies führt zu einer allgemeinen Stärkung der Resilienz des Unternehmens gegenüber Cyberbedrohungen und hilft, potenzielle Schäden durch Vorfälle zu minimieren.

Durch Aufnahme dieser Themen in entsprechende Awareness-Kampagnen lässt sich die Cybersicherheitskompetenz der Mitarbeiter erheblich steigern und stärken und so das Risiko von Cyberangriffen und Datenlecks verringern.

Zusammengefasste Resultate

4

Welche Resultate erreichen Sie langfristig mit dem konsequenten und dauerhaften Einsatz einer Awareness-Kampagne und den genannten Bausteinen?

1. Wissen ist Macht

Durch die umfassenden Schulungen werden die Mitarbeiter zu Wächtern der Security im Unternehmen. Das betrifft nicht nur das Erkennen von Betrugsversuchen mit Phishing-Mails.

Sie kennen sich auch bestens mit der Generierung sicherer, starker Passwörter aus und werden sich selbst und Ihr Unternehmen besser absichern können. Sie werden sich über die gängigsten Bedrohungen bewusst sein und entsprechende Handlungen setzen können. Das ist wie beim Autofahren: Sie können das Fahrzeug steuern, bremsen und es sicher von A nach B bringen. Dabei müssen sie jedoch nicht zu einem Autoprofi werden und die physikalischen Eigenschaften der Bremsbeläge optimieren können.

2. Reduzierung von Sicherheitsvorfällen

Durch das Training und die Sensibilisierung werden die Mitarbeiter achtsamer und vorsichtiger im Umgang mit Unternehmensdaten. Das Risiko von Datenpannen sinkt.

Es ist so, als würde man einen unsichtbaren Schutzschild gegen Cyberangriffe oder ein unsichtbares Sicherheitsnetz haben, das die größten Gefahren abfängt. Dies bedeutet weniger Fälle von Datendiebstahl oder -verlust.

Die Firewall zwischen den Ohren, gespeist durch menschliche Intelligenz und Bauchgefühl, ist eine der wirksamsten Maßnahmen der Sicherheit.

3. Verbesserte Compliance

Wie in einem perfekt abgestimmten Orchester, in dem jeder seine Instrumente beherrscht und die Noten kennt, werden die relevanten Gesetze und Sicherheitsrichtlinien von den Mitarbeitern besser eingehalten. Das ist ganz besonders in Bereichen wie dem Datenschutz von hoher Wichtigkeit.

Hier agieren die Mitarbeiter quasi als „Compliance-Wächter", die dafür sorgen, dass das Unternehmen auf der sicheren Seite bleibt.

4. Entwicklung einer Sicherheitskultur im Unternehmen

Eine starke Sicherheitskultur im Unternehmen bedeutet, dass Sicherheitsbewusstsein und -praktiken im täglichen Ablauf integriert sind. In einer solchen Umgebung wird das Thema Sicherheit als gemeinsame Verantwortung angesehen.

Stellen Sie sich vor, jeder im Team achtet auf den anderen, wie bei einer guten Fußballmannschaft. Der Teamerfolg geht vor, jeder leistet seinen Beitrag und stellt auch dann die eigenen Interessen hinter den Teamerfolg zurück.

5. Wachsame Augen überall und Meldung von Bedrohungen

Als hätte man überall im Unternehmen Wachposten, die immer auf der „Lauer" liegen, werden die Mitarbeiter wachsamer und melden verdächtige Aktivitäten schneller. Das erhöht die Chancen, potenzielle Sicherheitsverletzungen frühzeitig zu unterbinden.

6. Kostenersparnis

Durch die Verringerung von Kosten, die durch Datenverluste, Systemausfälle oder rechtliche Auseinandersetzungen entstehen könnten, spart das Unternehmen langfristig gesehen eine ganze Menge Geld.

Wie beim Auto, das man regelmäßig zur Inspektion bringt, um Reparaturen zu vermeiden, gilt auch hier „Vorbeugen ist besser als reparieren".

7. Schutz vor Reputationsverlust

Ein Unternehmen, das sein Möglichstes tut, um diese Cyberbedrohungen abzuwehren, genießt ein größeres Vertrauen bei Kunden und Geschäftspartnern. Es zeigt, dass das Thema Sicherheit ernst genommen wird und wirkt wie ein Gütesiegel für Vertrauenswürdigkeit und Professionalität.

Zusammengefasst kann man daher sagen:

Wenn alle Bausteine einer Awareness-Kampagne richtig eingesetzt und genutzt werden, ist das ein wesentlicher Schritt auf dem Weg, um sein Unternehmen in eine uneinnehmbare Festung gegen Cyberangriffe zu verwandeln. Es ist ein bisschen wie das Trainieren einer Eliteeinheit, in der jeder einzelne zum unverzichtbaren Teil einer starken Verteidigungslinie und des Ganzen wird. Dies sichert nicht nur den digitalen Raum, sondern das ganze Unternehmen profitiert von einer Kultur der Achtsamkeit und des Schutzes. Außerdem spart es jedem Unternehmen eine ganze Menge Geld und Ärger.

Damit Sie nun nach dem Lesen dieses Buches direkt in die Umsetzung gelangen können, möchte ich Ihnen im Folgenden eine Checkliste mit an die Hand geben.

1. **Machen Sie einen Plan:**

Halten Sie fest, welche Ziele Sie in Ihrem Unternehmen mit der IT-Sicherheit bzw. Informationssicherheit verfolgen wollen. Das wird auch ein Teil der Grundlage für Ihr Awareness-Programm. Legen Sie vor allem eindeutig fest, wer sich worum kümmert.

Lassen Sie sich hier auch durchaus von externen Spezialisten beraten. Es sollten die auf Ihr Unternehmen zutreffenden Punkte erarbeitet werden und in die Richtlinie einfließen. Auch muss hier klar unterschieden werden, was eine technische Maßnahme ist, welche einem User nicht direkt geschult werden muss bzw. welche Informationen dann in der Richtlinie landen und welche daraus dann geschult werden müssen.

Was ohne so einen Plan passiert? Lassen Sie es mich so ausdrücken:

Es hilft Ihnen nicht, wenn Sie möglichst schnell auf den Berg klettern, wenn es der falsche Berg ist.

2. **Bilden Sie ein Awareness-Team:**

Wählen Sie ein kleines Team, das sich um Cybersecurity kümmern will und kann. Hier ist Wollen wichtiger als tiefe technische Kenntnis. Das Know-how kommt in dem Fall mit dem Tun. Auch Quereinsteiger sind hier wertvoll. Verständnis für

M. Pils, *Cybersecurity-Awareness*, essentials, https://doi.org/10.1007/978-3-658-44814-1_5

Menschen ist bei der Erstellung und dem Betrieb von Awareness-Maßnahmen mindestens so wichtig wie IT-Security-Grundlagen.

Diese Grundlagen jedoch können Sie bei Experten erfragen und dann für den User „übersetzen". Aus eigener Erfahrung kann ich bestätigen, dass so ein Awareness-Projekt für motivierte QuereinsteigerInnen ein optimaler Startpunkt in die Thematik sein kann.

3. Entwicklung klarer Inhalte Ihres Awareness-Programms:

Die Inhalte sollten zumindest folgende Themen umfassen:

- Sicherer Umgang mit Computern und Informationen
- Passwörter richtig auswählen und verwalten
- Sicher im Internet surfen (z. B. Nutzung von Firmendaten in KI-Diensten und sozialen Netzen)
- Bewusster Umgang mit E-Mails, Spam und Phishing
- Kenntnis gefährlicher Schadprogramme
- Richtiges Verhalten und Vorgehen bei Verdacht auf IT-Sicherheitsvorfall

Wenn Ihnen die KollegInnen zwei Tage nach der Schulung sagen können, an wen sie sich wenden sollen, wenn sie eine verdächtige E-Mail erhalten und erkannt haben, dann haben Sie bisher alles richtig gemacht. Vorausgesetzt, die Antwort war richtig …

Und damit das klappt …

4. Planen Sie regelmäßige Schulungen und Workshops:

Wenn Sie einen neuen Mitarbeiter einstellen, sollten Sie sich hierfür ein wenig Zeit lassen. Danach empfiehlt es sich, mindestens einmal im Jahr einen Workshop oder eine Schulung zu veranstalten. Ein externer Speaker kann dabei eine tolle Zeit gestalten und viel Mehrwert liefern.

5. Wählen Sie die passenden Kommunikationskanäle:

Entwerfen Sie ein passendes Logo und lassen Sie sich von Ihrer Marketing-abteilung oder anderen Spezialisten unterstützen. Der Wiedererkennungswert ist unschätzbar wertvoll. Ein cooler Slogan auch.

Legen Sie fest, über welche Kanäle (E-Mail, Intranet, Schulungen) Sie Ihre Cybersicherheitsbotschaften kommunizieren möchten. Wählen Sie dabei aber nicht zu viele. Es empfiehlt sich, maximal drei für den Beginn auszuwählen. Bespielen Sie diese Kanäle dann aber konsequent und steigern Sie den Wiedererkennungswert.

Das Wichtigste ganz zum Ende
Sie als Chefin oder Burgherr sollten stets positiv über die Umsetzung der Awareness/IT-Sicherheitsmaßnahmen reden, da diese ansonsten von der Belegschaft nicht angenommen werden. Awareness/IT-Sicherheit funktioniert nur, wenn es von der Geschäftsleitung kommt. Ohne Unterstützung kann das „TEAM" performen wie es möchte, es wird aber stets an Unterstützung, Ressourcen (Geld, Personal, Zeit) fehlen.

Fördern Sie eine offene Feedbackkultur und eine angemessene Fehler/Melde-Kultur: Ermuntern Sie Mitarbeiter, Feedback zu den Awareness-Maßnahmen zu geben sowie Fehler und Vorfälle zu melden und nutzen Sie diese für Verbesserungen. Jeder gemeldete Vorfall hilft Ihnen. Jede Rückmeldung unterstützt. User-Bashing oder -Shaming sind hier aber fehl am Platz.

Merken Sie sich – nur wer nicht arbeitet, macht keine Fehler.
Nehmen Sie den Mitarbeitern also die Angst vor Fehlern. Loben Sie erkannte und gemeldete Ereignisse – holen Sie die Leute positiv vor den Vorhang. Bewerten Sie regelmäßig die Effektivität Ihrer Awareness-Kampagne: Führen Sie Umfragen und Analysen durch, um die Wirksamkeit Ihrer Awareness-Initiativen zu messen.

Mit dieser Checkliste haben Sie den ersten Schritt gemacht. In der Folge können Sie auch „phishen" gehen. Das bedeutet, Sie können auch Phishing E-Mails zu Trainingszwecken an Ihre Mitarbeiter senden lassen und anhand der Antwortraten die Effektivität messen. Danach können Sie über digitales Lernen und verschiedene Entwicklungen Schwung in die Sache bringen – bis dahin gilt – machen Sie sich auf den Weg. Das Lesen dieses Buches war schon ein erster Schritt.

Mit den Worten meines geschätzten Erste-Hilfe-Lehrers schließe ich dieses Buch:

Das einzig Falsche ist, nichts zu tun!

Empfehlenswerte Quellen für Sie
https://www.cyber-trust.at/
https://www.wko.at/it-sicherheit/cybersicherheit-tools-mitarbeitertraining
https://www.bsi.bund.de/
https://www.saferinternet.at/

Was Sie aus diesem *essential* mitnehmen können

- Führung und Sicherheit: Sicherheit beginnt an der Spitze. Wie ein Burgherr müssen Sie sicherstellen, dass alle Verteidigungsmechanismen Ihrer „Festung" durch gut geschultes Personal unterstützt werden.
- Bedeutung des Bewusstseins: Der Schlüssel zur Sicherheit liegt im Bewusstsein. Menschen sind eine essenzielle Säule in der IT-Sicherheit. Erfahren Sie, wie Awareness-Kampagnen effektiv gestaltet und umgesetzt werden können.
- Lernen mit Freude: Die Vermittlung von Wissen über Cybersecurity muss nicht trocken sein. Entdecken Sie, wie Sie Ihre Mitarbeiter mit unterhaltsamen Methoden für dieses kritische Thema sensibilisieren können.
- Ein vorbereitetes Team ist Ihr stärkster Verbündeter: Der effektivste Weg zur Erhöhung der Sicherheit. Lernen Sie einfache und effektive Methoden kennen, um Ihre eigenen Cyber-Security-Awareness-Kampagnen zu entwickeln.
- Ganzheitliche Verantwortung übernehmen: Integration Ihres Teams in die Sicherheitsstrategie. Erfahren Sie, wie jeder Mitarbeiter seine Rolle im Sicherheitssystem erkennt und sich aktiv beteiligt.

© Der/die Herausgeber bzw. der/die Autor(en), exklusiv lizenziert an Springer Fachmedien Wiesbaden GmbH, ein Teil von Springer Nature 2024
M. Pils, *Cybersecurity-Awareness*, essentials,
https://doi.org/10.1007/978-3-658-44814-1

Literatur

Statista: Statistiken zur Internetkriminalität in Österreich, https://de.statista.com/themen/4253/internetkriminalitaet-in-oesterreich/#topicOverview (abgerufen am 23.10.2023).

Bundesamt für Sicherheit in der Informationstechnik: Ransomware, URL: https://www.bsi.bund.de/SharedDocs/Downloads/DE/BSI/Cyber-Sicherheit/Themen/Ransomware.pdf?__blob=publicationFile&v=5 (abgerufen am 28. Oktober 2023).

Der Standard: China wollte Know-how: Windtec-Spion in Klagenfurt verurteilt; URL: https://www.derstandard.at/story/1316733418322/china-wollte-know-how-windtec-spion-in-klagenfurt-verurteilt (abgerufen am: 03. November 2023).

heise online: Facebook-Datenskandal Cambridge Analytica will Fakten schaffen; URL: https://www.heise.de/news/Cambridge-Analytica-bezieht-Stellung-zum-Facebook-Datenskandal-4014286.html (abgerufen am: 16. November 2023).

future zone: Das sind die 200 schlechtesten Passwörter des Jahres; URL: https://futurezone.at/digital-life/200-schlechtesten-passwoerter-2021-123456-auswertung-sicherheit/401810155 (abgerufen am: 14. November 2023).

The Pioneer: Cybercrime – Die profitabelste Gelddruckmaschine des organisierten Verbrechens; URL: https://www.thepioneer.de/originals/tech-briefing/briefings/cybercrime-die-profitabelste-gelddruckmaschine-des-organisierten-verbrechens (abgerufen am: 17. Dezember 2023).

Security-insider: Die 80/20-Regel und die IT-Sicherheit – Das Pareto-Prinzip und Malware; URL: https://www.security-insider.de/das-pareto-prinzip-und-malware-a-1016512/ (abgerufen am: 17. Dezember 2023).

WinFuture: LastPass: Über Privat-PC eines Entwicklers Firmen-Cloud angegriffen; URL: https://winfuture.de/news,134863.html (abgerufen am: 17. Dezember 2023).

Faz.net: Betrugsmasche – Autozulieferer Leoni um Millionensumme gebracht; URL: https://www.faz.net/aktuell/wirtschaft/unternehmen/autozulieferer-leoni-um-millionensumme-betrogen-14390918.html (abgerufen am: 17. Dezember 2023).

welivesecurity: Staatliche Akteure oder Cyberkriminelle: Die Grenzen verschwimmen; URL: https://www.welivesecurity.com/deutsch/2021/06/23/staatliche-akteure-oder-cyberkriminelle/ (abgerufen am: 26. Januar 2024).

Microsoft: Microsoft Anrufe – Betrüger geben sich als Microsoft-Mitarbeiter aus; URL: https://news.microsoft.com/de-de/microsoft-anrufe-scam/ (abgerufen am: 26. Januar 2024).

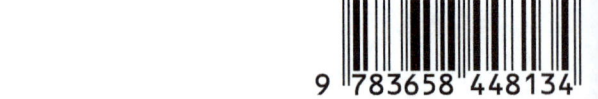